AF384492

LE PREMIER LIVRE

DES ÉCOLES,

OU

INTRODUCTION

MÉTHODIQUE ET FACILE

A LA LECTURE DU FRANÇAIS;

Par L.-Ch. PIAT,

ANCIEN PRINCIPAL DU COLLÉGE DE MELUN.

APPROUVÉ ET RECOMMANDÉ PAR LE CONSEIL ROYAL
DE L'INSTRUCTION PUBLIQUE.

Nouvelle Édition.

Paris,

CHEZ L. COLAS, LIBRAIRE,

RUE DAUPHINE, N° 32.

1828

OUVRAGES

Qui se trouvent chez le même Libraire.

LE SECOND LIVRE DES ÉCOLES CHRÉTIENNES, contenant un abrégé de l'Histoire de l'Ancien et du Nouveau Testament, et un précis de la Morale évangélique mise à la portée des élèves qui commencent à lire; approuvé par Mᴸᵅ l'archevêque de Paris, Mᴸᵅ l'évêque de Meaux; recommandé par le Conseil royal de l'instruction publique. Par *L.-Ch. Piat.* Sixième édition. Un vol. in-18. Prix, 75 cent.

CHOIX DE MORCEAUX EN PROSE ET EN VERS, à l'usage des écoles primaires, adopté par le Conseil royal de l'instruction publique. Un vol. in-12. Prix, 75 cent.

PARIS, IMPRIMERIE DE DECOURCHANT,
Rue d'Erfurth n° 1 près l'Abbaye.

PREMIÈRE PARTIE.

SIGNES SIMPLES.

PREMIÈRE LEÇON.

LES LETTRES

DANS L'ORDRE DE LEUR RAPPORT ENTRE ELLES.

(On leur suppose une valeur unique et constante.)

a o u, i
é ê e y } h

me ne le re

be pe ve fe
de te ze se
gue ke (xe
je che

a   o   u,   i}
é   ê   e   y}   h

m   n   l   r

b   p   v   f
d   t   z   s}
g   q-c-k}   x

j   ch

A O U, I
É Ê E Y } H

M N L R

B P V F

D T Z S } X
G Q-C-K

J CH

a o u, i | h
é ê e y

m n l r

b p v f
d t z s | x
g q-c-k
j ch

ALPHABET USUEL.

a b c d e f g h i
j k l m n o p q
r s t u v x y z.

a b c d e f g h i
j k l m n o p q
r s t u v x y z.

A B C D E F G H I
J K L M N O P Q
R S T U V X Y Z.

LEÇON II.

Syllabes à voyelle simple précédée d'une seule articulation.

a	o	u	i	é	ê	e
Ma	mo	mu	mi	mé	mê	me
na	no	nu	ni	né	nê	ne
la	lo	lu	li	lé	lê	le
ra	ro	ru	ri	ré	rê	re
Ba	bo	bu	bi	bé	bê	be
pa	po	pu	pi	pé	pê	pe
va	vo	vu	vi	vé	vê	ve
fa	fo	fu	fi	fé	fê	fe
Da	do	du	di	dé	dê	de
ta	to	tu	ti	té	tê	te
za	zo	zu	zi	zé	zê	ze
sa	so	su	si	sé	sê	se
Ga	go	gu				
ca	co	cu				
ka	ko	ku	ki	ké	kê	ke
qua	quo	quu	qui	qué	quê	que
Ja	jo	ju	ji	jé	jê	je
cha	cho	chu	chi	ché	chê	che

Mots.

Pa pa. a mi.		Papa. ami.
fé tu. jo li. gobé. . . .		fétu. joli. gobé.
ma ri. dî né. pu ni. .		mari. dîné. puni.
pâ té. fi lé. zé ro. . . .		pâté. filé. zéro.
do du. sa lé. ro be. .		dodu. salé. robe.
se mé. ju ri. é té. . . .		semé. juri. été.
mi di. ta pé. ga la. . .		midi. tapé. gala.
Da da. ra vi. fu té. .		Dada. ravi. futé.
tê tu. bu te. pa ri. . .		têtu. bute. pari.
â ne. ri mé. la. lu ne.		âne. rimé. la. lune.
vo té. mi ne. li re. . .		voté. mine. lire.
rô le. ju pe. l'î le. de.		rôle. jupe. l'île. de.
pa vé. u ni. ra ve. . .		pavé. uni. rave.
u ne. da me. do ré. .		une. dame. doré.
O de. pi pe. ri ve. .		Ode. pipe. rive.
ca ve. lo to. mè re. . .		cave. loto. mère.
je té. rê vé. a pi. . . .		jeté. rêvé. api.
Ro me. Li ma. rê ne. .		Rome. Lima. rêne.
é lu. Ju ra. sè ve. . .		élu. Jura. sève.
la me. zô ne. vi ve. .		lame. zône. vive.
po li. je. me. lè ve. .		poli. je. me. lève.
Fê te. no té. tu be.		Fête. noté. tube.
no ne. mu le. ve nu. .		nonc. mule. venu.

bê te. pè re. No é. . .	bête. père. Noé.
zè le. sa lé. di re. ri de.	zèle. salé. dire. ride.
gâ té. mê me. fa né. .	gâté. même. fané.
A li. pe lé. ra me. .	Ali. pelé. rame.
vo mi. ra de. vi dé. .	vomi. rade. vidé.
pê ne. la me. ro ti. . .	pêne. lame. rôti.

Vé ri té. u ti le. .	Vérité. utile.
so li ve. mo dè le. . .	solive. modèle.
a mè re. pa ro le. . .	amère. parole.
a zu ré. i do le. a vi de.	azuré. idole. avide.
mo ra le. si rè ne. . .	morale. sirène.
ré u ni. fé ti de. pi lu le.	réuni. fétide. pilule.

Po ly pe. a va re. . .	Polype. avare.
sa ti re. pa ru re. o li ve.	satire. parure. olive.
mu ti lé. ra pi de. . .	mutilé. rapide.
A di ne. o bo le. o pa le.	Adine. obole. opale.
pu re té. na tu re. . . .	pureté. nature.
Va lè re. le sy no de. .	Valère. le synode.
ma la de. re mè de. . .	malade. remède.

Fa ri ne. ra re té. . .	Farine. rareté.
é tu de. a si le. a rê te.	étude. asile. arête.
mé ri te. re vê tu. . . .	mérite. revêtu.
fi dè le. bo bi ne. . . .	fidèle. bobine.
fu ti le. é bè ne. é di le.	futile. ébène. édile.

é lè ve. ré pè te. sé vè re. | élève. répète. sévère.
é bè ne. ré vè re. ré vè le. | ébène. révère. révèle.
dé mê le.   té nê me. . . | démêle. ténême.

So li tu de. ra pi di té. | Solitude. rapidité.
si ba ri te.   ja ve li ne. | sibarite. javeline.
a né mo ne. py ra mi de. | anémone. pyramide.
a mé ni té.   la ro tu le. | aménité. la rotule.
fa ri bo le. a no ny me. | faribole. anonyme.
Ba by lo ne. fi la tu re. | Babylone. filature.
zi be li ne. po pu la ri té. | zibeline. popularité.
u na ni mi té. . . . . . . | unanimité.

Ga ze. ga le. ga lo pe. | Gaze. gale. galope.
ga ba re.   ga la.   ga re. | gabare. gala. gare.
gâ té. go bé. à go go. | gâté. gobé. à gogo.
a ga.   bé gu.   ré ga lé. | aga. bégu. régalé.
fi gu re. Ga ni mè de. . | figure. Ganimède.
ri go le.   pa go de. . . | rigole. pagode.
bi ga me. la gu ne. . . | bigame. lagune.
a ga te. ré gu le. Ri ga. | agate. régule. Riga.
bi ga ra de.   é ga li té. . | bigarade. égalité.
lé gu me. Ma la ga. . . | légume. Malaga.
bi ga ru re.   ga lè re. . | bigarure. galère.

Ca fé. cô te. cu ve. | Café. côte. cuve.
cô ne. cu ré. ca ba le. | cône. curé. cabale.

é cu. ca ra bi ne. ca ve. | écu. carabine. cave.
co co. fé cu le. ca ne. | coco. fécule. cane.
re cu lé. é co le. ca pe. | reculé. école. cape.
ri di cu le. co lo na de. | ridicule. colonade.
ca pi ta le. sé cu ri té. | capitale. sécurité.
ma cu le. ca ri ca tu re. | macule. caricature.
ca va le. ca vi té. . . . . | cavale. cavité.
cu pi de. ca la mi té. . | cupide. calamité.
cu ru le. co de. . . . . . | curule. code.

Qua li té. quo ti té. | Qualité. quotité.
é vê que. ca que. . . . | évêque. caque.
pi qué. é qui vo que. . | piqué. équivoque.
ba ra que. co que. . . . | baraque. coque.
po li ti que. re li que. . | politique. relique.
so li lo que. mo qué. . | soliloque. moqué.
ca du que. mo di que. | caduque. modique.
quê te. qui vi ve? . . . | quête. qui vive?

Ho là! hô te. hu re. | Holà! hôte. hure.
ho no ré. hâ le. ha ro. | honoré. hâle. haro.
ha ve. ha bi tu de. . . . | have. habitude.
ho ni. ca hu te. hu mé. | honi. cahute. humé.
Hé lè ne. ha bi le. . . . | Hélène. habile.
hu mi de. hu ma ni té. | humide. humanité.
hé ri té. Bo hê me. . . . | hérité. Bohême.
hé bê té. hu ne. hâ te. | hébêté. hune. hâte.

Mé tho de. é pi thè te.	Méthode. épithète.
A ga the. thê me.	Agathe. thême.
I tha que. é thi que. .	Ithaque. éthique.
du thé. é pi tha la me.	du thé. épithalame.
rhé to ri que. rhu me.	rhétorique. rhume.
le Rhô ne. Rhé da. . . .	le Rhône. Rhéda.

Che nu. ché ri. chê ne.	Chenu. chéri. chêne.
a che té. la Chi ne. . .	acheté. la Chine.
cha ri té. ri che. lâ che.	charité. riche. lâche.
cha ri va ri. cha ra de.	charivari. charade.
che ve lu. cha pe lu re.	chevelu. chapelure.
chi ca ne. le co che. . .	chicane. le coche.
chi che. bù che. fi chu.	chiche. bûche. fichu.
ba cha. mi che. cha te.	bacha. miche. chate.

Chi mè re. hu che. .	Chimère. huche.
chi ri te. a che. chu te.	chirite ache. chute.
cho pi ne. chi po té. .	chopine. chipoté.
ca ché. chi le. gâ che.	caché. chile. gâche.
chu cho té. bi che. . . .	chuchoté. biche.
ma chi ne. ta che té. . .	machine. tacheté.
cho qué. é chu. ju ché.	choqué. échu. juché.

LEÇON III.

Syllabes à voyelle simple précédée de plusieurs articulations.

Bra	bro	bru	bri	bré	brè	bre
fra	fro	fru	fri	fré	frè	fre
dra	dro	dru	dri	dré	drè	dre
gra	gro	gru	gri	gré	grè	gre
cra	cro	cru	cri	cré	crè	cre
Bla	blo	blu	bli	blé	blè	ble
fla	flo	flu	fli	flé	flè	fle
tla	tlo	tlu	tli	tlé	tlè	tle
gla	glo	glu	gli	glé	glè	gle
cla	clo	clu	cli	clé	clè	cle

| Gsa | gso | gsu | gsé | } xa xo xu xi xé |
| csa | cso | csi | csé | |

Spa	spo	spu	spi	spé	spè	spe
sta	sto	stu	sti	sté	stè	ste
spla	splo	splu	spli	splé	splè	sple
stra	stro	stru	stri	stré	strè	stre

Mots.

Li vre. pra li ne. . .	Livre. praline.
cla que. drô le. brû lé.	claque. drôle. brûlé.
bro chu re. blê me. . .	brochure. blême.
fri tu re. plâ tre. pru ne.	friture. plâtre. prune.
sa blo né. fri po ne. . .	sabloné. friponne.
cri me. flé chi. crê me.	crime. fléchi. crême.
su bli me. cru di té. . .	sublime. crudité.
à l'a bri. qua tri è me.	à l'abri. quatrième.
Trô ne. su prê me. .	Trône. suprême.
flû te. grê le. sa ble. .	flûte. grêle. sable.
cri ti que. a gré a ble. .	critique. agréable.
ré ta bli. blâ me.	rétabli. blâme.
trè fle. prê tre. flè che.	trèfle. prêtre. flèche.
di plô me. pra ti que. .	diplôme. pratique.
qui pro quo. a gra fe. .	quiproquo. agrafe.
bru. dé cré pi tu de. . .	bru. décrépitude.
glo be. glu. pla nè te.	globe. glu. planète.
je pro fi te. A fri que.	je profite. Afrique.
brè che. a gri co le. .	brèche. agricole.
bra que. é cri tu re. . .	braque. écriture.
fru ga li té. je pré fè re.	frugalité. je préfère.
tri bu ne. pla ti ne. . .	tribune. platine.
gre na de. dru ï de. . .	grenade. druïde.

Clô tu re. pro fa ne. | Clôture. profane.
bru ta li té. bri co le. . | brutalité. bricole.
clé ri ca tu re. pré lu de. | cléricature. prélude.
Tri ni té. pro blê me. . | Trinité. problême.
dry a de. fla mi ne. . . | dryade. flamine.
pro ba ble. gra vi té. . | probable. gravité.
Flo re. ma plu me. . . | Flore. ma plume.
pré. pli. il a plu... . | pré. pli. il a plu.
glo ri o le. bre lo que. | gloriole. breloque.
tra hi. tri ché. prô ne. | trahi. triché. prône.
pro to ty pe. tré bu che. | prototype. trébuche.
pro cla mé. brû lu re. . | proclamé. brûlure.
cro chu. a tra bi le. . . | crochu. atrabile.
cru che. glè be. tro pe. | cruche. glèbe. trope.
pri è re. fri me. bru ni. | prière. frime. bruni.
a thlè te. dé cu ple. . . | athlète. décuple.
bro che. brè ve. cro té. | broche. brève. croté.

———

Spi re. scri be. sty le. | Spire. scribe. style.
stu pi de. spa tu le. . . . | stupide. spatule.
sta ble. sté ri le. sa bre. | stable. stérile. sabre.
scru pu le. spi ra le. . . | scrupule. spirale.
sti pu lé. sta de. sca re. | stipulé. stade. scare.
Smir ne. sta tu re. . . . | Smirne. stature.
sbi re. spo li é. squi re. | sbire. spolié. squire.
sti li te. Spa. spé cu le. | stilite. Spa. spécule.

É xo de. é xi gu. é xi lé.	Exode. exigu. exilé.
é xé cu té. é xo ra ble.	exécuté. cxorable.
é x*h*a lé. é x*h*u mé. . . .	exhalé. exhumé.
lu xe. ta xe. fi xe. . . .	luxe. taxc. fixe.
a xi ô me. lu xu re. . . .	axiôme. luxure.
ri xe. Xé no cra te. . .	rixe. Xénocrate.
Pra xi tè le. pro li xe.	Praxitèle. prolixe.

LEÇON IV.

Syllabes terminées par des consonnes prononcées.

Ca nif. fa tal. Ma roc.	Canif. fatal. Maroc.
bâ tir. vil a ni mal. .	bâtir. vil animal.
Luc. na val. mo tif. . .	Luc. naval. motif.
ca duc. mur. Mo gol.	caduc. mur. Mogol.
fi nal. pu blic. coq. .	final. public. coq.
pâ lir. bi vac. vi ril. .	pâlir. bivac. viril.
bo cal. ve nir. char. .	bocal. venir. char.
ré tif. fi nir. ric-à-ric.	rétif. finir. ric-à-ric.
A tro pos. tra fic. vol.	Atropos. trafic. vol.
tri bu nal. che val. fil.	tribunal. cheval. fil.
pa ra sol. li col. ri val.	parasol. licol. rival.
ché rif. troc. pu é ril.	chérif. troc. puéril.
lé gal. a ve nir. pro fil.	légal. avenir. profil.
nul. dé fi ni tif. lé ni tif.	nul. définitif. lénitif.

Vo lup té. Lis bo ne. | Volupté. Lisbonne.
bus te. ac te. cap tu re. | buste. acte. capture.
j'as pi re. il op ta. choc. | j'aspire. il opta. choc.
mas que. mor du. cor. | masque. mordu. cor.
ap ti tu de. cos tu me. | aptitude. costume.
car pe. ob scur. sor tir. | carpe. obscur. sortir.
cul te. ar ti cle. lis te. | culte. article. liste.
jus te. bor du re. sub til. | juste. bordure. subtil.
gar de. for tu ne. tris te. | garde. fortune. triste.
por te. mar mi te. . . . . | porte. marmite.

Va car me. qua tor ze. | Vacarme. quatorze.
u ne bar que. cal cul. | une barque. calcul.
Por tu gal. Col mar. . | Portugal. Colmar.
ob te nir. é pis co pal. | obtenir. épiscopal.
pas cal. pas to ral. . . . | pascal. pastoral.
mas tic. fic tif. sol de. | mastic. fictif. solde.
pur ga tif. A mil car. . | purgatif. Amilcar.
car di nal. mi nus cu le. | cardinal. minuscule.
ma jus cu le. fur tif. . . | majuscule. furtif.
ar se nic. pro duc tif. . | arsenic. productif.
col por té. cul bu te. . | colporté. culbute.
Bal ti mo re. du gaz. . | Baltimore. du gaz.
gas tro no me. bor dé. | gastronome. bordé.
Turc. porc. dis trict. | Turc. porc. district.
é xil. é xac ti tu de. . . | exil. exactitude.

Mèr. fèr. chèf. . . .	Mer. fer. chef.
A bèl. vès te. hi èr. .	Abel. veste. hier.
ès cla ve. a vèc. le bèc.	esclave. avec. le bec.
mor tèl. vèr tu. cru èl.	mortel. vertu. cruel.
pèr le. je rès pèc te. .	perle. je respecte.
hèr be. hô tèl. tèr me.	herbe. hôtel. terme.
vèr. pa tèr nèl. sèr vir.	ver. paternel. servir.
pèr du. chèr che. brèf.	perdu. cherche. bref.
gas tèr. su pèr be. . . .	gaster. superbe.
char nèl. sur na tu rèl.	charnel. surnaturel.
pèr du. di vèr tir. . . .	perdu. divertir.
é lèc to ral. é tèr nèl. .	électoral. éternel.
re vèr dir. vèr ti cal. .	reverdir. vertical.
pa tèr nèl. ma tèr nèl.	paternel. maternel.
fra tèr nèl. tèr mi né. .	fraternel. terminé.
vèr mi ne. bèl hi vèr.	vermine. bel hiver.
ès cri me. ès quif. . . .	escrime. esquif.
il èx pi re. il èx por te.	il expire. il exporte.
èx cèp té. èx pul sé. . .	excepté. expulsé.
mar tèl. cor po rèl. . .	martel. corporel.
por tèr. hèr bo ris te. .	porter. herboriste.
an nu èl. pèc to ral. . .	annuel. pectoral.

SECONDE PARTIE.

SIGNES COMPOSÉS ET SIGNES SUPPLÉMENTAIRES.

PREMIÈRE LEÇON.

Tableau synoptique de ceux de ces signes qu'il importe le plus de connaître.

an	Fanfan.	*Jambe.*		eu	Du feu.	
en	Tu mens.	*Temple.*		ou	Joujou..	
on	Tonton.	*Rompu.*		au	Taureau.	*Saül.*
in	Du vin.	*Timbre.*		ai	Balai.	*Laïs.*
ain	Du pain.			ei	Reine, Seine.	
				oi	Moi, toi, soi.	*Moïse.*
un	Melun.	*Humble.*		ien	Chien, rien.	

c	Caca, coco, curé, conté, clou, cri, sac.	é	Le nez, léger, pied, clef.
c	Cécile, cent. *ça.*	è	Sujet, galette.
g	Gaga, gogo, aigu, gant, glu, grime, zig-zag.		Terre, vertu.
g	Gigès, gingembre.	ê	Les, des, mes, tes, ses, ces, tu es, il est; les îles, des odes, mesdames, tes menotes, ses défenses, ces puces.
gn	Mignon.		Les plaisirs trompent;
ill	Travaillons, travail.		ils énervent
ph	Sophie.		les hommes qui s'y livrent.

LEÇON II.

Voix simples représentées par plusieurs lettres.

eu   ou   an   on   un   in

Syllabes.

eu	ou	an	on	un	in
Meu	mou	man	mon	mun	min
neu	nou	nen	non	nun	nin
leu	lou	lan	lon	lun	lin
reu	rou	ren	ron	run	rin
Beu	bou	ban	bon	bun	bin
peu	pou	pen	pon	pun	pin
veu	vou	van	von	vun	vin
feu	fou	fen	fon	fun	fin
Deu	dou	dan	don	dun	din
teu	tou	ten	ton	tun	tin
zeu	zou	zan	zon	zun	zin
seu	sou	sen	son	sun	sin
. . . .	Gou	gan	gon	gun	. . . .
. . . .	cou	can	con	cun	. . . .
queu	quou	quen	quon	quun	quin
Jeu	jou	jan	jon	jun	jin
cheu	chou	chen	chon	chun	chin
Bleu	blou	blan	blon	blun	blin
breu	brou	bren	bron	brun	brin
Xeu	xou	xan	xon	xun	xin

Mots.

Fan fan. bou ton.	Fanfan. bouton.
gou jon. pen du le. . . .	goujon. pendule.
cou leu vre. din don. .	couleuvre. dindon.
ru ban. con vo qué. . .	ruban. convoqué.
pou pon. fou. dan se.	poupon. fou. danse.
en ten du. chan son. . .	entendu. chanson.
Eu do xe. pin son. feu.	Eudoxe. pinson. feu.
in ten té. ou ra gan. . .	intenté. ouragan.
dou te. croû te. ten dre.	doute. croûte. tendre.
Ma man. con fi tu re.. .	Maman. confiture.
bou le mon ju pon. . .	boule. mon jupon.
ton man chon. crin. .	ton manchon. crin.
son jou jou. cou ché. .	son joujou. couché.
Ceu ve. ton du. sou pe.	fleuve. tondu. soupe.
un pou lin. bou chon.	un poulin. bouchon.
can ton. quan ti té. . .	canton. quantité.
con te. ne veu. ga zon.	conte. neveu. gazon.
Pan ta lon. bra vou re.	Pantalon. bravoure.
peu à peu. mou lin. .	peu à peu. moulin.
re din go te neu ve. . .	redingote neuve.
lun di. jeu ne é ven té.	lundi. jeune éventé.
tou tou. bou lin grin. .	toutou. boulingrin.
sul tan. ca lin. Tra jan.	sultan. calin. Trajan.

cha grin. bou gran. . . | chagrin. bougran.
dou blu re. vol can. . . | doublure. volcan.
glou glou. bri gan tin. | glouglou. brigantin.
sa fran. en fan tin. . . . | safran. enfantin.
plan che. con fon dre. | planche. confondre.
a ban don. con ten te. . | abandon. contente.
pou dre à ca non. . . . | poudre à canon.
Ja pon. a lun. li non. | Japon. alun. linon.
on ze. dou ze. ra vin. | onze. douze. ravin.
é pou van te. bou din. . | épouvante. boudin.
Eu xin. ou tré. fen te. | Euxin. outré. fente.
dé mon. la bou ré. . . . | démon. labouré.
scan da le. l'Eu ro pe. | scandale. l'Europe.
blon din. flan drin. . . | blondin. flandrin.
cor don. bon. ro man. | cordon. bon. roman.
mon tre. man qué. . . . | montre. manqué.

Le mon de. pleu re ra. | Le monde pleurera.
lar don. in ven té. . . . | lardon. inventé.
é preu ve. a veu gle. . . | épreuve. aveugle.
pou mon. peu ple. . . . | poumon. peuple.
le co quin a men ti. . | le coquin a menti.
le ba lon a bon di. . . | le balon a bondi.
con sul te le ca dran. | consulte le cadran.
tren te de qua ran te. | trente de quarante.
tou te es pé ran ce. . . . | toute espérance.

Jam bon. tem ple. . | Jambon. temple.
am bre. un mem bre. | ambre. un membre.
en semble. é xem ple. . | ensemble. exemple.
bam bin. am pu té. . . | bambin. amputé.
tam bou rin. em pi re. | tambourin. empire.
bam bou. rem pli. . . | bambou. rempli.
dé trem pé. em me né. | détrempé. emmené.
em ma ga si né. thym. | emmagasiné. thym.
la bom be. la pom pe. | la bombe. la pompe.
com pè re. trom pé. . . | compère. trompé.
com pu té. com pa ru. | computé. comparu.
je tom be. hum ble. . | je tombe. humble.
un tim pan. im pri mé. | un timpan. imprimé.
tim bre. tim pa non. . | timbre. timpanon.
lam bin. tem pê te. . . | lambin. tempête.
ram bour. em bour bé. | rambour. embourbé.

Bon jour. cha leur. . | Bonjour. chaleur.
seul. tam bour. fleur. . | seul. tambour. fleur.
men teur. re tour né. . | menteur. retourné.
peur. bouc. ra meur. . | peur. bouc. rameur.
dé tour. neuf. vo leur. | détour. neuf. voleur.
pour l'a mour. o deur. | pour l'amour. odeur.
sé jour. veuf. veu ve. | séjour. veuf. veuve.
la bour. donc. à Toul. | labour. donc. à Toul.
gron deur. bou deur. | grondeur. boudeur.

LEÇON III.

ô   ê   in

par **au–eau   ai–ei   ain–ein**

Syllabes.

Mau	mai	mei	main	nau	nai	nei	nain
lau	lai	lei	lain	rau	rai	rei	rein
Bau	bai	bei	bain	fau	fai	fei	fain
tau	tai	tei	tein	sau	sai	sei	sain
gau	gai	…	gain	cau	cai	…	cain
xau	xai	xei	xain	jau	jai	jei	jein

Mots.

Au teur. vau tour. .	Auteur. vautour.
bau me. au cun. Paul.	baume. aucun. Paul.
l'au ro re. caus ti que.	l'aurore. caustique.
mau di re. sau veur. .	maudire. sauveur.
fau te. é tau. cau tè re.	faute. étau. cautère.
chau dron. Sau mur. .	chaudron. Saumur.
tau pe. Au tun. sau te.	taupe. Autun. saute.
Mon tau ban. gau che.	Montauban. gauche.
La vaur. aus tè re. . . .	Lavaur. austère.
la Gau le. aug men té.	la Gaule. augmenté.

*

au tru che.   rau que. . | autruche. rauque.
la pau vre té. jau ne. . | la pauvreté. jaune.
à la main chau de. . . | à la main chaude.

Fou reau.   ha meau. | Foureau. hameau.
chau deau.   la pe reau. | chaudeau. lapereau.
é pau le   de veau. . . . | épaule de veau.
ron deau. cha lu meau. | rondeau. chalumeau.
po teau.   ta bleau. . . . | poteau. tableau.
beau ca deau. ba teau. | beau cadeau. bateau.
flam beau.   mar teau. . | flambeau. marteau.
bu reau.   cha peau. . . | bureau. chapeau.
ra deau. cha pi teau. . . | radeau. chapiteau.
go di veau. sau te reau. | godiveau. sautereau.
dra peau.   man teau. . . | drapeau. manteau.
per dreau.   tau reau. . . | perdreau. taureau.
so li veau.   pru neau. . | soliveau. pruneau.

Maî tre.   pa raî tre. . | Maître. paraître.
je con naî trai. hai ne. | je connaîtrai. haine.
mi tai ne.   con trai re. . | mitaine. contraire.
j'ai me le vrai. l'aî né. | j'aime le vrai. l'aîné.
sa lai re.   be dai ne. . . | salaire. bedaine.
cal vai re. vo lon tai re. | calvaire. volontaire.
ai dé. mar jo lai ne. . . | aidé. marjolaine.
ca pi tai ne. mi grai ne. | capitaine. migraine.
brai re. lai ne. chai re. | braire. laine. chaire.

fai re plai sir. fu tai ne. | faire plaisir. futaine.
traî né. se cré tai re. . . | traîné. secrétaire.
in su lai re. neu vai ne. | insulaire. neuvaine.
chaî ne. or di nai re. . | chaîne. ordinaire.
li brai re. Beau cai re. | libraire. Beaucaire.
pair. im pair. à l'air. . | pair. impair. à l'air.

Ba lei ne. sei gle. . . . | Baleine. seigle.
vei ne. rei ne. pei ne. | veine. reine. peine.
la Sei ne. ha lei ne. . | la Seine. haleine.
Ro main. pou lain. . . | Romain. poulain.
crain te. sou ve rain. . | crainte. souverain.
pain. faim. Jour dain. | pain. faim. Jourdain.
vi lain. un nain. train. | vilain. un nain. train.
ain si. le vain. ai rain. | ainsi. levain. airain.
plan tain. con vain cu. | plantain. convaincu.
pro chain. ri ve rain. . | prochain. riverain.
é tain. ré pu bli cain. | étain. républicain.
é cri vain. hu main. . . | écrivain. humain.

Le Mein. le sein. . . | Le Mein. le sein.
pein dre. em prein te. | peindre. empreinte.
fein te. plein. se rein. . | feinte. plein. serein.
a vein dre. en frein dre. | aveindre. enfreindre.
é rein té. pein tu re. . | éreinté. peinture.
é tein te. rein. tein dre. | éteinte. rein. teindre.

LEÇON IV.

Valeur du C *et du* G *devant* é, ê, e, i, en, in.

Syllabes.

gé   gê   ge   gi
cé   cê   ce   ci
gen   gin   cen   cin

Mots.

Gé né ral. con gé. . . | Général. congé.
gé o mè tre. né gli gé. | géomètre. négligé.
gé ni tif. en gor gé. . | génitif. engorgé.
gé né ro si té. gru gé. . | générosité. grugé.
en ga gé. a gré gé. . . . | engagé. agrégé.
gé mir. gé né ra teur. . | gémir. générateur.
plon gé. hé bèr gé. . . | plongé. hébergé.
ran gé. o bli gé. pur gé. | rangé. obligé. purgé.

Gèr ma ni que. gê né. | Germanique. gêné.
gès te. gèr be. gèr me. | geste. gerbe. germe.
le dé gèl. gèr main. . | le dégel. germain.
mé na ge. ma nè ge. . | ménage. manège.

le dé lu ge. é pon ge. | le déluge. éponge.
i ma ge. le Gan ge. . . | image. le Gange.
la ca ge. l'â ge d'or. | la cage. l'âge d'or.
ge nou. nei ge. ge lé. | genou. neige. gelé.
fon tan ge. char ge. . . | fontange. charge.

Son geur. ta pa geur. | Songeur. tapageur.
man geur. un na geur. | mangeur. un nageur.
gen dar me. a gen ce. . | gendarme. agence.
ur gen ce. ar gen té. . . | urgence. argenté.
gen re. en gen dré. . . | genre. engendré.
di li gen ce. ré gen ce. | diligence. régence.
Geor ge. ès tur geon. . | George. esturgeon.
pi geon. é xi gean te. . | pigeon. exigeante.
il ju gea. ven gean ce. | il jugea. vengeance.
ga geu re. un geai. . . | gageure. un geai.

Gi bèr ne. fra gi le. | Giberne. fragile.
gî te. gi vre. lé gis te. | gîte. givre. légiste.
o ri gi ne. a gi li té. . . | origine. agilité.
ré gi me. Gi ron de. . . | régime. Gironde.
gi ron. gi gan tès que. | giron. gigantesque.
gi ro fle. ma gi que. . | girofle. magique.
é lar gi. gi ran do le. . | élargi. girandole.
Vir gi le. vi gi lan te. | Virgile. vigilante.
en gin. gin gem bre. . | engin. gingembre.
gin gri ne. gein dre. . | gingrine. geindre.

Cé lé bri té. cé le ri. | Célébrité. céleri.
cé du le. cé li ba tai re. | cédule. célibataire.
po li cé. cé lé ri té... | policé. célérité.
en fon cé. pin cé. su cé. | enfoncé. pincé. sucé.
Bi cê tre. cèr tain.... | Bicêtre. certain.
cè dre. cèp. ac cèp te. | cèdre. cep. accepte.
je cè de. il pro cè de ra. | je cède. il procèdera.
grâ ce. pla ce. for ce.. | grâce. place. force.
cen ti me. cen si ve... | centime. censive.
le cen tre. la cen dre. | le centre. la cendre.
cen su re. cen tai ne.. | censure. centaine.

Ce ci. ce la. cé ci té. | Ceci. cela. cécité.
Ci cé ron. la fé li ci té. | Cicéron. la félicité.
ci vi li té. mé de ci ne. | civilité. médecine.
ci tèr ne. ci vi que... | citerne. civique.
ci dre. ré ci té. fa ci le. | cidre. récité. facile.
cir que. ci ron. ci tron. | cirque. ciron. citron.
u ne ci té. de la ci re. | une cité. de la cire.
vâc ci ne. il èx ci ta.. | vaccine. il excita.
ci me. cir con fé ren ce. | cime. circonférence.
je cir cu le. ci ta din. | je circule. citadin.
cir con ci re. ci ni que. | circoncire. cinique.
ci ve. cir cons tan ce. | cive. circonstance.
ci men té. ac ci den tèl. | cimenté. accidentel.

Mé de cin. cin tre.. | Médecin. cintre.

cin quan te. ca pu cin.	cinquante. capucin.
far cin. Lu cin de. . . .	farcin. Lucinde.
cein dre. cein tu re. . .	ceindre. ceinture.
cèr ceau. mon ceau. . .	cerceau. monceau.
pin ceau. au bèr ceau.	pinceau. au berceau.
fa cea de. il é xèr cea.	façade. il exerça.
il pèr cea. il pla cea.	il perça. il plaça.
je for ceai. j'a van ceai.	je forçai. j'avançai.
fa ceon. ha me ceon. .	façon. hameçon.
ma ceon. Be san ceon.	maçon. Besançon.
su ceon. ca pa ra ceon.	suçon. caparaçon.
en fon ceû re. con ceu.	enfonçûre. conçu.

LEÇON V.

LES DIPHTHONGUES.

Ia, io, ié; ieu, iou, ian, ion, ien; oè, oi, oin, ouin, oun, ouan, oué, oui; ua, ué, uè, ui, uin.

EXEMPLES.

Ra ta fia. fia cre. dia cre. jo vial. Pio che.
miau le. Châ tié. va rié. lié. pié ton. fiè vre.
liè re. ma niè re. Dieu. le mi lieu. é pieu.
Chiour ne. Mé fian ce. vian de.

U nion. ta lion. re li gion. di men sion.
di ver sion. pen sion. ex ten sion. as per sion.

Na tion. men tion. pri va tion. ac tion. sec-
tion. lo tion. a blu tion. in ven tion. po tion.
ré pa ra tion. mo tion. pro tec tion. ré cep tion.
no tion. ra tion. do na tion. cré a tion. au-
di tion. ré par ti tion. ab so lu tion. fac tion.
né ga tion. in ser tion. ma nu ten tion.

Le mien. le tien. le sien. bien. rien. lien.
chien. an cien. co mé dien. his to rien. Ju lien.
main tien. mé ri dien. vau rien. en tre tien.
sou tien. pa tri cien. com bien. Ma xi mi lien.
on se sou vien dra. je vien drai.

Boè te. poê le. foi. roi. moi. toi. soi. loi.
voi tu re. poi re. croi re. de voir. a voir soif.
toi le. voi le. é toi le. voi ci. voi là. pa roi.
tour noi. vic toi re. foi re. his toi re. en voi.
mé moi re. noir. i voi re. é cri toi re. bon soir.

Soin. loin. coin. foin. té moin. ba bouin.
loua ge. louan ge. foué té. foui ne. nua ge.
Suè de. con ti nué. re mué. re lui. con dui te.
pour sui vi. Juin.

Dra gée. pou pée. fu mée. chi co rée. fée.
Ma rie. fo lie. mo des tie. é tour die. pu nie.
la rue. tor tue. vue. plaie. craie. haie. boue.
roue. queue. lieue. le foie. joie. Sa voie. je
joue rai. il paie ra. il é tu die ra.

LEÇON VI.

L'articulation ILLE (*l mouillée*), *et l'articulation* GNE.

Bâ illon. ba ta illon.	Bâillon. bataillon.
é ra illé. ri pa ille. . . .	éraillé. ripaille.
ca na ille. trou va ille. .	canaille. trouvaille.
mé da illon. ta illeur. .	médaillon. tailleur.
ma ille. je tra va ille. .	maille. je travaille.
ha illon. cha ma illé. .	haillon. chamaillé.
O rè ille. bou tè ille.	Oreille. bouteille.
con sé illé. ré vé illon.	conseillé. réveillon.
a bè ille. é mèr vé illé.	abeille. émerveillé.
vié illi. la pa rè ille. .	vieilli. la pareille.
Mar sè ille. mé illeur. .	Marseille. meilleur.
la vè ille. la trè ille. .	la veille. la treille.
Dé pou ille. rou illé.	Dépouille. rouillé.
an dou ille. brou illon.	andouille. brouillon.
fou illé. bar bou illa ge.	fouillé. barbouillage.
bou illon. Gri bou ille.	bouillon. Gribouille.
cha tou illé. ci trou ille.	chatouillé. citrouille.
que nou ille. pa trou ille. .	quenouille. patrouille.
Feu ille. re cue illi. .	Feuille. recueilli.
Dieu le veu ille! . . .	Dieu le veuille!

Pa pi illon. ar di illon.	Papillon. ardillon.
pa pi illo te. ti illac. . .	papillote. tillac.
co qui illa ge. ha bi illé.	coquillage. habillé.
bri illan te. che vi illé.	brillante. chevillé.
fa mi ille. gen ti ille. . .	famille. gentille.
fi ille. ba bi ille.	fille. babille.
co qui ille. bé qui ille. .	coquille. béquille.
Tra vail. é ven tail. .	Travail. éventail.
ca mail. gou vèr nail. .	camail. gouvernail.
bèr cail. sou pi rail. . .	bercail. soupirail.
le so lèil. con sèil. , .	le soleil. conseil.
vèr mèil. le ré vèil. . .	vermeil. le réveil.
or tèil. fe nouil.	orteil. fenouil.
Ché vreuil. cèr feuil.	Chevreuil. cerfeuil.
deuil. un fau teuil. . .	deuil. un fauteuil.
é cu reuil. bou vreuil. .	écureuil. bouvreuil.
or gueil. re cueil. . . .	orgueil. recueil.
Ba biil. pé riil. . . .	Babil. péril.
per siil. sour ciil. . . .	persil. sourcil.
Moi ien. bon ci toi ien.	Moyen. bon citoyen.
hoi iau. noi iau. boi iau. . .	hoyau. noyau. boyau.
broi ion. en voi ié. noi ié. .	broyon. envoyé. noyé.
il em ploi ia. il tu toi ia. . .	il employa. il tutoya.
il sou doi ia. il fou droi ia.	il soudoya. il foudroya.
tui iau. en nui ié.	tuyau. ennuyé.

Pi gnon. si gnal. mon ta gne. li gne. i gno ré. pa gno te. cam pa gne. ma gna ni me. ma gni fi que. si gné. si gna tu re. je ga gne. é gra ti gnu re. en sei gné. pei gne. tei gne. a gneau. La gni. Co li gni. Joi gny. com pa gne. com pa gnon. cro qui gno le. sai gnée. mi gnon.

LEÇON VII.

Exèrcices sur divers signes composés ou supplémentaires.

F pour PH.

So phie. pro phè te. stro phe. gé o gra phie. tro phée. phé nix. Té lè phe. gra pho mè tre. Or phée. Thé o phi le. phi lan thro pe. pha re. té lé gra phe. phar ma cie. phos pho re. phé no mè ne. pa ra phé. Pha ra on. Pha é ton. Phi lis. am phi thé â tre. ca co pho nie. tri om phe. or phe lin. Xé no phon. lo go gri phe. a po cri phe. gri phon. a pos tro phe.

S et SS entre deux voyelles au milieu d'un mot.

Em bra sé, em bra ssé. j'é cra se, cra sse. ba se, ba sse. bla son, ba sson. ex ta se, ta sse. u ne ro se, u ne ro sse. cho se, chau sse. po sé, po ssé dé. do se, il en do sse. ru se, ru sse.

fu sî, Bu ssi. Li se, li sse. gri son, fri sson. bri sé, pli ssé. é gli se, gli sse. cri se, Jo cri sse. lé sé, lai ssé. Thé rè se, j'in té resse. bai sé, bai ssé. ai san ce, nai ssan ce. rai son, cré sson. cou sin, cou ssin. é pou se, je pou sse. poi son, poi sson. oi seau, boi sseau.

Ç *comparé avec* C.

Cas ca de, fa ça de. ca ca, pla ça. ca ge, en fon ça ge. Bar ca, for ça. Beau cai re, tier-çai re. Ni cai se, fran çai se. Mâ con, ma çon. gas con, gar çon. fla con, fa çon. vé cu, re çu. Mèr cu re, gèr çu re.

L'articulation G *devant* I, É, È, EN, IN.

Gî te, gui née. gi ron, gui ta re. a gi le, an gu ille. é lar gir, lan guir. en gin, san guin. gim blè te, guim pe. gin gué, guin dé.

Gé mir, gué rir. o bli gé, li gué. ju gé, con ju gué. â gé, nar gué. gé o mè tre, gué a ble. gé ré, gué ri te. fou gè re, guè re. gê ne, guê pe. ar gent, on guent.

A ge, ba gue. lan ge, langue. fan geu se, gueu se. é lo ge, é glo gue. lo ge, vo gue. lon ge, lon gue. or ge, or gue. pro di ge, pro di gue. ti ge, fa ti gue. fi ge, fi gue. bei ge, bè gue. o ran ge, ha ran gue.

Le Tréma.

Ai guë, Ai gues. e xi guë, fi gue. am bi guë,
bri gue. ci guë, li gue. con ti guë, fa ti gue.
hai ne, ha ï. lai de, A dé la ï de. Bé li sai re,
Za ï re. glai ve, na ï ve. Saul, Sa ül. Vul cain,
Ca ïn. É loi, Hé lo ï se. sia moi se, Mo ï se.
Ro soi, Zo ï le. roi, hé ro ï que. con sis toi re,
sto ï que. an goi sse, é go ïs me.

A ïeul, pa ïen, fa ïen ce.

~~~~~~

LEÇON VIII.

Consonnes non prononcées.

Ces consonnes ne sont pas toujours *nulles*; la plupart ont une
fonction. 1° Elles tiennent lieu d'accent sur *é*, *è*, *e*.

Le né. a ssé. te né.	Le nez. assez. tenez.
ché. par lé. pre né. . .	chez. parlez. prenez.
man gé. bu vé.	mangez. buvez.
Dan gé. po ta gé. . .	Danger. potager.
bou lan gé. hor lo gé. .	boulanger. horloger.
é tran gé. meu nié. . .	étranger. meunier.
me nui sié. pâ ti ssié. .	menuisier. pâtissier.
poi rié. voi tu rié. . . .	poirier. voiturier.
lau rié. li mo na dié. .	laurier. limonadier.
sou lié. ca ba re tié. . .	soulier. cabaretier.
ou vri é. o ran gé. . . .	ouvrier. oranger.

*
~~~~~~

ta bli é. vi nai gri é. . . . | tablier. vinaigrier.
é fi lé. dé cen dre. . . . | effilé. descendre.
é fè. é for cé. é froi. . . | effet. efforcé. effroi.

Ob jè. su jè. tra jè. . | Objet. sujet. trajet.
mu guè. mon pou lè. . | muguet. mon poulet.
mi na rè. ri co chè. . . | minaret. ricochet.
fi lè. o sse lè. pa què. . | filet. osselet. paquet.
le pau vrè. ro bi nè. . | le pauvret. robinet.
mar ti nè. pê ro què. . | martinet. perroquet.
se crè. pè. ca bi nè. . . | secret. pet. cabinet.

Noi sè te. mu sè te. . | Noisette. musette.
trom pè te. o me lète. . | trompette. omelette.
ga lè te. tar te lè te. . . | galette. tartelette.
gi rou è te. pin cè te. . | girouette. pincette.
lu nè te. four chè te. . | lunette. fourchette.
mi nè te. man chè te. . | minette. manchette.
lé vrè te. sér viè te. . . | lévrette. serviette.
lè tre. pro mè tre. . . . | lettre. promettre.

De moi sè le. é chè le. | Demoiselle. échelle.
cha pè le. nou vè le. . . | chapelle. nouvelle.
li bè le. hi ron dè le. . | libelle. hirondelle.
ma ni vè le. den tè le. . | manivelle. dentelle.
gra vè le. se mè le. . . | gravelle. semelle.
sau te rè le. voi iè le. . . | sauterelle. voyelle.

É trè ne. ga rè ne. .	Étrenne. garenne.
in diè ne. an ciè ne. . .	indienne. ancienne.
chiè ne. pa ri siè ne. . .	chienne. parisienne.
la miè ne. la tiè ne. .	la mienne. la tienne.
la siè ne. an tiè ne. . .	la sienne. antienne.
je re tiè ne. Viè ne. .	je retienne. Vienne.

Lê, dê, mê, tê, . . .	Les, des, mes, *les.*
sê, cê, tu ê, il ê.	ses, ces, tu es, il est.
Lê-*s* île*s*. dê-s ode*s*.	les îles. des odes.
mê *s*-da me*s*.	mes-dames.
tê-*s* me no te*s*.	tes menotes.
sê-*s* dé feu se*s*.	ses défenses.
cê-*s* pu ce*s*.	ces puces.

Tê re. vê re. guê re.	Terre. verre. guerre.
Piê re. ci me tê re. . . .	Pierre. cimeterre.
du liê re. je sê re. . .	du lierre. je serre.
je fê re. par tê re. . .	je ferre. parterre.

2⁰ Une consonne redoublée après *a, o, u, i* indique ordinairement qu'il faut prononcer rapidement ces voyelles et frapper sur la suivante.

A bbé. a cco lla de. .	Abbé. accollade.
a ccu sé. a ccou tu mé.	accusé. accoutumé.
a llu re. a llu mé. ha lle.	allure. allumé. halle.
a nneau. pa nneau. . .	anneau. panneau.
a pprèn dre. a ppai sé.	apprendre. appaisé.

je fra ppe. j'a ppè le. .	je frappe. j'appelle.
pa tte. a tta qué. a tti ré.	patte. attaqué. attiré.
a rra ché. a rran gé. . .	arraché. arrangé.
j'a rri ve. j'a rro se. . .	j'arrive. j'arrose.
o ccu pé. o ffi ce. ho tte.	occupé. office. hotte.
co lli ne. co llé ge. fo lle.	colline. collége. folle.
co mme. co mmu ne. .	comme. commune.
po mme. po mma de. .	pomme. pommade.
bo nne. co mmi ssion. .	bonne. commission.
co nnu. do nné. flo tte.	connu. donné. flotte.
co lo nne. can to nné. .	colonne. cantonné.
so nneur. ca no nna de.	sonneur. canonnade.
to nneau. do mma ge. .	tonneau. dommage.
vi lle. mi lle. pu pi lle.	ville. mille. pupille.
tran qui lle. A chi lle. .	tranquille. Achille.

3° Les consonnes non prononcées indiquent quelque accident du mot; comme le pluriel, les temps des verbes, les personnes, etc.

Le pè re, lês pè res.	Le père, les pères.
l'heu re, lê-s heu res. .	l'heure, les heures.
le ne veu, lês ne veux.	le neveu, les neveux.
un bi jou, dês bi joux.	un bijou, des bijoux.
la ro se blan che, . . .	la rose blanche,
lês ro ses blan ches. .	les roses blanches.
le plai sir dé si ré, . .	le plaisir désiré,
lês plai sirs dé si rés. .	les plaisirs désirés.

un tris te re mè de, . .	un triste remède,
de tris te*s* re mè de*s*. .	de tristes remèdes.
u ne loi sa ge, u ti le,	une loi sage, utile;
dê*s* loi*s* sa ge*s*, u ti le*s*.	des lois sages, utiles.
u ne grande a ffai re, .	une grande affaire,
de gran de-*s* a ffai re*s*.	de grandes affaires.
u ne bè lle mai son, .	une belle maison,
de bè lle*s* mai son*s*. . .	de belles maisons.
au bon gâ teau. . . .	au bon gâteau,
au*x* bon*s* gâ teau*x*. . .	aux bons gâteaux.
à l'a mi cons tan*t*, . .	à l'ami constant,
au-x a mi*s* cons tan*ts*. .	aux amis constans.
au chien ba ssè*t*, . . .	au chien basset,
au*x* chien*s* ba ssè*ts*. . .	aux chiens bassets.
à la cha tte gri se, . .	à la chatte grise,
au*x* cha tte*s* gri se*s*. .	aux chattes grises.
à l'ha bit dé chi ré, . .	à l'habit déchiré,
au-x ha bit*s* dé chi ré*s*.	aux habits déchirés.

Je li*s*, tu li*s*, il li*t*.

Je lis, tu lis, il lit.

Nou*s* li sons, vou*s* li se*z*, il*s* li se*nt*.

Nous lisons, vous lisez, ils lisent.

J'ai me, tu ai me*s*, il ai me.

J'aime, tu aimes, il aime.

Nou-*s* ai mon*s*, vou-*s* ai me*z*, il-*s* ai me*nt*.

Nous aimons, vous aimez, ils aiment.

J'é tai*s*, tu é tai*s*, il é tai*t*.

J'étais, tu étais, il était.

Nou-s é tion*s*, vou-s é tie*z*, il-s é taie*nt*.

Nous étions, vous étiez, ils étaient.

J'a llai, tu a lla*s*, il a lla.

J'allai, tu allas, il alla.

Nou-s a llâ me*s*, vou-s a llâ te*s*, il-s a llè re*nt*.

Nous allâmes, vous allâtes, ils allèrent.

☞ *nt* indiquent le pluriel sans être prononcés, à la suite de *les*,
ils,... *les... qui,* comme dans :

*Les plaisirs trompe*nt ;
*il-s énèr-ve*nt
*le-s homme*s *qui s'y livr*ent.

Lê*s* co chon*s* gro gne*nt*. lê-s â ne*s* braie*nt*.
lê*s* tau reau*x* beu gle*nt*. lê*s* chat*s* miau le*nt*.
lê-s a gneau*x* bê le*nt*. lê*s* lion*s* ru gi sse*nt*.
lê*s* gre nou ille*s* co a sse*nt*. lê*s* loup*s* hur le*nt*.
lê*s* moi neau*x* pé pie*nt*. lê*s* tour te rè lle*s*
gé mi sse*nt*. lê*s* cor beau*x* cro a sse*nt*. lê*s*
pi geon*s* rou cou le*nt*. lê*s* coq*s* chan te*nt*. lê*s*
ro ssi gnol*s* ra ma ge*nt*. lê*s* pou le*s* glou sse*nt*.
lê*s* sèr pen*s* si fffle*nt*. lê*s* pic*s* ba bi lle*nt*. lê*s*
chien-*s* a boie*nt*. lê*s* che vau*x* hen ni sse*nt*.
lê-*s* ho mme*s* par le*nt*. lê*s* pe tit*s* gar çon*s*
ba var de*nt*.

Dês per so nne-s a ssu rai*nt*.

des personnes assuraient.

dês cou rrié*r*-s a rri vai*nt*.

des courriers arrivaient.

cèr tai ne*s* gen*s* pen sai*nt*.

certaines gens pensaient.

Il*s* sen te*nt*, il*s* sen tai*nt*.

ils sentent, ils sentaient.

è lle-*s* ô te*nt*, è lle-*s* ô tai*nt*.

elles ôtent, elles ôtaient.

il*s* dé si re*nt*, il*s* dé si rai*nt*.

ils désirent, ils désiraient.

è lle*s* dî ne*nt*, è lle*s* dî nai*nt*.

elles dînent, elles dînaient.

il-*s* é cri ve*nt*, il-*s* é cri rai*nt*.

ils écrivent, ils écriraient.

è lle*s* vont, è lle-*s* irai*nt*.

elles vont, elles iraient.

il*s* men te*nt*, il*s* men tai*nt*.

ils mentent, ils mentaient.

è lle*s* sont, è lle*s* se rai*nt*.

elles sont, elles seraient.

il*s* sui ve*nt*, il*s* sui vai*nt*.

ils suivent, ils suivaient.

è lle*s* rie*nt*, è lle*s* ri ai*nt*.

elles rient, elles riaient.

ils ren de*nt*, ils ren daie*nt*.

ils rendent, ils rendaient.

è lle*s* jè te*nt*, è lle*s* je taie*nt*.

elles jettent, elles jetaient.

il*s* se mè re*nt*, è lle*s* fi re*nt*.

ils semèrent, elles firent.

il*s* re çu re*nt*, è lle*s* vin re*nt*.

ils reçurent, elles vinrent.

il-*s* ai dè re*nt*, è lle*s* di re*nt*.

ils aidèrent, elles dirent.

il*s* vé cu re*nt*, è lle*s* tin re*nt*.

ils vécurent, elles tinrent.

il*s* ci ta sse*nt*, il*s* fi sse*nt*.

ils citassent, ils fissent.

il*s* vé cu sse*nt*, il*s* tin sse*nt*.

ils vécussent, ils tinssent.

Les enfans qui jouent; les maîtres qui enseignaient; les choses qui plaisent; les écoliers qui écoutaient; les étoiles qui paraissent; les ruisseaux qui coulaient; les fleurs qui embaument; les jardins qui enchantaient; les arbres qui ombragent; les murs qui s'écroulaient; les grâces qui charment; les feux qui étincelaient; les fruits qui mûrissent; les rois qui commandaient; les ambassadeurs qui furent envoyés, qui parlèrent; tous ceux qui convinrent; celles qui purent se taire; ceux qui visitèrent; celles qui plurent.

4° Consonnes entièrement nulles.

Du plom*b*. al ma na*ch*.
du plomb. almanach.
l'és to ma*c*. du bon ta ba*c*,
l'estomac. du bon tabac.
un bro*c*. le tron*c*. du jon*c*.
un broc. le tronc. du jonc.
é ten dar*d*. pe ti*t* mi gnar*d*.
étendard. petit mignard.
la plu par*t* dê*s* ba var*ds*.
la plupart des bavards.
ha sar*d*. tro*p* tar*d*. ca far*d*.
hasard. trop tard. cafard.
gran*d* pen dar*d*. à l'é car*t*.
grand pendard. à l'écart.
un gon*d*. un ni*d*. un bon*d*.
un gond. un nid. un bond.
un gro*s*, un gran*d* ni gau*d*.
un gros, un grand nigaud.
un très-lon*g* fau bour*g*.
un très-long faubourg.
le doi*gt*. le poin*g*. du san*g*.
le doigt. le poing. du sang.
l'au to*m* ne. le prin tem*ps*.
l'automne. le printemps.
le ba*p* tê me. son com*p* te.
le baptême. son compte.

prom*pt*. ga lo*p*. si ro*p*. sè*pt*.

prompt. galop. sirop. sept.

un cam*p*. du dra*p*. cor*ps*.

un camp. du drap. corps.

beau cou*p* son-t é xem*pts*.

beaucoup sont exempts.

Mon sieu*r*, Mè ssieu*rs*.

Monsieur, Messieurs.

5° H aspirée, H muette.

Le ha sar*d*, l'ha bit. la hai ne, l'ha lei ne.
le ha chi*s*, l'ha me çon. la ha che, l'ha bi tu de.
la ha ran gue, l'har mo nie. le hé ros, l'Héli con.
la hèr se, l'hèr be. le hé ri sson, l'hé ri ta ge.
la hie, l'hi ron dè lle. la hi deu se i ma ge,
l'his toi re. le ho chè*t*, l'ho mi ci de. la hon te,
l'hor lo ge. le ho què*t*, l'hon neur. la ho tte,
l'hor reur. la hou lè tte, l'hos tie. la hu che,
l'hui le. la hu re, l'hu meur. la hu ppe, l'huî tre.

Lê*s* hé ro*s*, lê-s hé ro ï ne*s*. lê*s* hé ron*s*,
lê-s hi vèr*s*. lê*s* har de*s*, lê-s heu re*s*. dê*s*
ha ri co*ts*, dê-s ha me çon*s*. dê*s* ha ren *gs*,
dê-s ho mma ge*s*. au*x* hu te*s*, au-x hô tèl*s*.
dê*s* hou ppe*s*, dê-s hu main*s*.

Je ha che, j'ha bi lle. nou*s* ha ï sson*s*,
nou-s ho no ron*s*. je ha ppe, j'ha bi te. vou*s*
heur te*z*, vou-s hé si te*z*. è lle*s* hu maie*nt*,
è lle-s hé ri taie*nt*. il se hu tte, il s'hu mi lie.

TROISIÈME PARTIE.
LE DISCOURS SUIVI.

PRINCIPES DE LA MORALE CHRÉTIENNE,
ADRESSÉS A L'ENFANCE.

Mon chè-r en fan*t*, .	Mon cher enfant,
Si tu veu-x ê tre	Si tu veux être
Heu reu*x*, con ten*t*, .	Heureux, content,
D'un ten dre maî tre .	D'un tendre maître
É cou te *ét* sui*s*	Écoute et suis
Tou*s* lê-s a vi*s*.	Tous les avis.
REN*ds* TÊ-S HO MMA GES	RENDS TES HOMMAGES
AU CRÉ A TEUR; . . .	AU CRÉATEUR;
Dan*s* sê-s ou vra ge*s* .	Dans ses ouvrages
Què lle gran deur! . .	Quelle grandeur!
La fai ble en fan ce, .	La faible enfance,
L'a do lès cen ce, ...	L'adolescence,
L'ho mme for mé, . . .	L'homme formé,
En fin tou-t â ge . . .	Enfin tout âge
Re çoi-t un ga ge. . .	Reçoit un gage
De sa bon té :	De sa bonté :
A ce bon pè re	A ce bon père
O ffron*s* donc tou*s* . .	Offrons donc tous
A mour sin cè re; . . .	Amour sincère;

A ppli quons-nous . . .	Appliquons-nous
Tou-s à lui plai re. . .	Tous à lui plaire.
Très-ri che ment . .	Très-richement
De l'i nno cen ce. . . .	De l'innocence
Il ré com pen se. . . .	Il récompense
L'é ffort cons tant; . .	L'effort constant;
Mais sa jus ti ce	Mais sa justice
Veut qu'il pu ni sse. .	Veut qu'il punisse
L'ho mme in sen sé . .	L'homme insensé
Qui dans le vi ce. . .	Qui dans le vice
Au ra fi xé.	Aura fixé
Sa vo lon té	Sa volonté.

L'â me im mor tè lle. .	*L'âme immortelle,*
Sor tie en fin.	*Sortie enfin*
De son corps frè le, .	*De son corps frèle,*
Se ren-d au sein . . .	*Se rend au sein*
De Dieu lui-mé me, .	*De Dieu lui-méme,*
De tou-t au teur, . .	*De tout auteur,*
Or do nna teur, ...	*Ordonnateur,*
Con sèr va teur, ...	*Conservateur,*
Et fin su pré me, . . .	*Et fin supréme,*
Qui, san-s é gard. . .	*Qui sans égard*
Pour la pèr so nne, .	*Pour la personne,*
A cha cun do nne, . .	*A chacun donne*
A lors la part.	*Alors la part*

Que l'on mé ri te . . .	*Que l'on mérite*
Par sa con dui te . .	*Par sa conduite.*
Pour é clai ré*r*, . . .	Pour éclairer,
Pour di ri gé*r*	Pour diriger
No tre i gno ran ce, . .	Notre ignorance,
Dieu, par bon té, . .	Dieu, par bonté,
Nou-s a do nné	Nous a donné
La con *sci* en ce. . . .	La conscience.
Cha cun ché*z* soi . . .	Chacun chez soi
Par tou*t* peu*t* li re . .	Partout peut lire
Ce que sa loi.	Ce que sa loi
De nou*s* dé si re. . . .	De nous désire.
Mai*s* tro*p* sou ven*t* .	Mais trop souvent
L'im pur fèr men*t*, . .	L'impur ferment,
La fo lle i vrè sse . . .	La folle ivresse
Dê*s* pa ssi on*s*, ...	Des passions,
Ou dê*s* dé mon*s*	Ou des démons
L'ac ti vc a drè sse, . .	L'active adresse,
Dan*s* no tre cœur . . .	Dans notre cœur
É tein*t*, su ppri me . .	Éteint, supprime
Cè tte lu eur;	Cette lueur;
Dieu la ra ni me. . . .	Dieu la ranime
Au*x* li vre*s* sain*ts*, . .	Aux livres saints,
Gui de*s* cèr tain*s*. . . .	Guides certains
Qu'a vèc cons tan ce. .	Qu'avec constance

*

Et ré vé ren ce	Et révérence
Con sul te ras, ...	Consulteras,
Mé di te ras	Méditeras.
Sur tout se ras . . .	Surtout seras
A l'E van gi le	A l'Évangile
Tou jours do ci le, . .	Toujours docile,
Pi eux, chré tien . . .	Pieux, chrétien
A vèc fran chi se : . .	Avec franchise :
Son ges-y bien, ...	Songes-y bien,
Hors de l'E gli se. . .	Hors de l'Église
Point de sa lut, . . .	Point de salut,
Point de vrai but. . .	Point de vrai but.
Tou te sa gè sse	Toute sagesse
Que l'hum ble foi. . .	Que l'humble foi
Ne suit sans cè sse, .	Ne suit sans cesse,
N'êst d'au cun poids, .	N'est d'aucun poids,
Mon chè-r Hor ten se,	Mon cher Hortense,
Dans la ba lan ce . . .	Dans la balance
De l'É tèr nèl, ...	De l'Éternel,
Ju ge é qui ta ble, . .	Juge équitable,
I né vi ta ble	Inévitable
Et san-s a ppèl	Et sans appel.
De tout ce mon de . .	De tout ce monde
Le sa ge au teur. . . .	Le sage auteur
Veut no tre cœur; . .	Veut notre cœur;

Si l'ho mme fon de . . .	Si l'homme fonde
Le vrai bo nheur . . .	Le vrai bonheur
Sur au tre cho se, . .	Sur autre chose,
C'êst gra ve èr reur, .	C'est grave erreur,
Ét tris te cau se. . . .	Et triste cause
D'un long mal heur. .	D'un long malheur.
A la Pa trie	*A la Patrie*
Dieu veut d'a bord . .	*Dieu veut d'abord*
Qu'on sa cri fie	*Qu'on sacrifie*
Son temps, son or, . .	*Son temps, son or,*
Et, si le sort	*Et, si le sort*
L'é xi ge en cor, . . .	*L'exige encor,*
Jus qu'à sa vie	*Jusqu'à sa vie.*
A sê-s suc cès	A ses succès
Tiè nnent de près . . .	Tiennent de près
No-s in té rêts;	Nos intérêts;
Ce que pou-r è lle . .	Ce que pour elle
A fait le zè le, ...	A fait le zèle
Tour ne à l'ho nneur,	Tourne à l'honneur,
Tour ne au bon heur.	Tourne au bonheur
De son au teur.	De son auteur.
Pour la Pa trie . . .	Pour la Patrie
Ce dé voû ment	Ce dévoûment
Qui lês cœurs lie . . .	Qui les cœurs lie
É troi te ment, ...	Étroitement,

Fai*t* qu'on *s'*ou blie, .	Fait qu'on *s'*oublie,
É*t* que cha cun	Et que chacun
De vien*t* la cau se . . .	Devient la cause
Du bien com mun, . .	Du bien commun,
Qu'*êst*-ce au tre cho se	Qu'est-ce autre chose
Qu'a mour pré scri*t* . .	Qu'amour prescrit
En cen*t* ma niè re*s* . .	En cent manières
Par Jé*sus*-C*h*RIS*t*. . . .	Par Jésus-Christ
En vèr*s* nos frè re*s*, .	Envers nos frères,
Si bien no mmé. . . .	Si bien nommé
La Cha ri té?	*La Charité?*

Par sui te clai re . .	Par suite claire
É*t* né cé ssai re, ...	Et nécessaire,
Ce sen ti men*t*	Ce sentiment
Por te *ét* com pren*d*. .	Porte et comprend
A tta che men*t*	Attachement
Vi-f *ét* sin cè re, . . .	Vif et sincère,
A mou-r *ét* foi.	Amour et foi
En vèr*s* le Roi;	Envers le Roi;
En vèrs le Roi, . . .	*Envers le Roi,*
De la Pa trie, ...	*De la Patrie*
Sain te par tie, ...	*Sainte partie,*
Chè-f ét sou tien, . .	*Chef et soutien,*
Qui tout ra llie. . . .	*Qui tout rallie*
*É*l *tout main tient.* . .	*Et tout maintient.*

Mon chè-r Hor ten se,	Mon cher Hortense,
Aɪ me ʟe Roɪ;	Aɪme ʟe Roɪ;
Gar de-lui foi, ...	Garde-lui foi,
O bé i ssan ce :	Obéissance :
Par sa pui ssan ce, . .	Par sa puissance,
Tran qui lle, heu reux,	Tranquille, heureux,
A drè sse aux cieux .	Adresse aux cieux
Pour lui tês vœux . .	Pour lui tes vœux.
Tu doi-s en sui te,	*Tu dois ensuite,*
Tou jours pieux . . .	*Toujours pieux*
Dans ta con dui te, .	*Dans ta conduite,*
Bien cons ta mment. .	*Bien constamment*
É tre à ton pè re, . .	*Être à ton père,*
É tre à ta mè re . . .	*Être à ta mère*
O bé i ssant.	*Obéissant.*
Dès ta nai ssan ce, . .	Dès ta naissance,
Leur pré voi ian ce,. .	Leur prévoyance,
Leurs ten dres soins, .	Leurs tendres soins,
Ou di ssi pè rent, . . .	Ou dissipèrent
Ou sou la gè rent. . . .	Ou soulagèrent
Tous tês be soins; . .	Tous tes besoins;
Que leur ten drè sse. .	Que leur tendresse
Dans ton a mour . . .	Dans ton amour
Trou ve sans cè sse . .	Trouve sans cesse
Jus te re tour	Juste retour.

A mi sin cè re, . . .	Ami sincère,
Ton maî tre pren*d* . .	Ton maître prend
Pour toi d'un pè re. .	Pour toi d'un père
L'a tta che men*t;*	L'attachement :
Mon chè-r Hor ten se,	Mon cher Hortense,
Aie donc pour lui . .	Aie donc pour lui
La dé fé ren ce, ...	La déférence,
L'o bé i ssan ce.	L'obéissance
D'un ten dre fi*ls*. . . .	D'un tendre fils.
A la viè illè sse, . .	A la vieillesse,
A la sa gè sse	A la sagesse
Ren*ds* tou-t ho nneur :	Rends tout honneur :
Don ne au mal heur, .	Donne au malheur,
A la fai blè sse, ...	A la faiblesse,
Se cour-s, a ppui : . .	Secours, appui :
Trai tè-r au trui . .	Traiter autrui
Co mme soi-mê me, . .	Comme soi-même,
Voi la, mon fils, . .	Voila, mon fils,
La loi su prê me. . .	La loi suprême.
De vien-s a mi.	Deviens ami
A vèc pru den ce; . .	Avec prudence,
Mai-s ai me au ssi. . .	Mais aime aussi
A vèc cons tan ce . . .	Avec constance.
De ton cô té, ...	De ton côté,
Pour é tre ai mé, . .	*Pour étre aimé,*

Sa che é tre ai ma ble;	Sache étre aimable;
Aie en vèrs tous . . .	Aie envers tous
Un ai-r a ffa ble, . . .	Un air affable,
Pré ve nant, doux; . .	Prévenant, doux;
A vèc fran chi se. . . .	Avec franchise
Soi-s o bli geant, . . .	Sois obligeant,
Re co nnai ssant, ...	Reconnaissant,
Point mé di sant; . . .	Point médisant;
Mais du mé chant, .	*Mais du méchant,*
Quoi qu'il te di se.. .	*Quoi qu'il te dise,*
Co mme un sèr pent,	*Comme un serpent,*
Hor ten se, é vi te, . .	*Hortense, évite,*
Crains l'en tre tien; .	*Crains l'entretien;*
Aux gens de bien, . .	*Aux gens de bien,*
Au seul mé ri te. . . .	*Au seul mérite*
A tta che-toi.	*Attache-toi.*
Si tu veux plai re,	*Si tu veux plaire,*
Gar de ta foi;	*Garde ta foi;*
Sois vrai, sin cè re; .	*Sois vrai, sincère,*
De l'im pos teur. . . .	De l'imposteur
La tris te vie	La triste vie
Êst de mal heur, . . .	Est de malheur,
De dé sho nneur. . . .	De déshonneur
Bien tôt sui vie.	Bientôt suivie.
Dans tês dis cours. .	Dans tes discours,

Vé ri té nue	Vérité nue
Se ra tou jour*s*.	Sera toujours
Seu le en ten due; . .	Seule entendue;
Mai*s*, sans men tir, . .	Mais, sans mentir,
C'ê*st* sa ge cho se . . .	C'est sage chose
De la te nir	De la tenir
Quèl que fois clo se; .	Quelquefois close.
Soi*s* fran*c*, soi*s* vrai,	Sois franc, sois vrai,
Mai*s* soi*s* dis crè*t*; . .	Mais sois discret :
On le dé tès te	On le déteste
Co mme la pès te . . .	Comme la peste
Le so-t en fan*t*	Le sot enfant
Qui va di san*t*, ...	Qui va disant,
A tou*t* ve nan*t*, ...	A tout venant,
Ce qu'i-l a ppren*d* . .	Ce qu'il apprend
En con fi den ce. . . .	En confidence.
*Crain*s *qu'en ton cœur,* .	*Crains qu'en ton cœur,*
Mon chè-r Hor ten se,	Mon cher Hortense,
Par gran de er reur, .	*Par grande erreur,*
Ne s'in si nue	*Ne s'insinue*
Le so-t or gueil : . . .	*Le sot orgueil :*
*Il pèr*d, *il tue;*	*Il perd, il tue;*
Il fut l'é cueil	Il fut l'écueil
Dê-s An ge*s* mê me, .	Des Anges même;
Et par lui-mê me . . .	Et par lui-même

La mor-t en tra . . .	La mort entra
Dans no tre mon de, .	Dans notre monde,
Sur nous rès ta	Sur nous resta
Ta che pro fon de. . .	Tache profonde.
A ce dé faut	A ce défaut
O ppo sér faut	Opposer faut
Vèr tus con trai res, .	Vertus contraires,
L'hu mi li té, ...	L'humilité,
La cha ri té, ...	La charité,
Vrais ca rac tè res . . .	Vrais caractères
Du cœur chré tien. . .	Du cœur chrétien.
Nul ne peut rien . . .	Nul ne peut rien
Sans l'a ssis tan ce . . .	Sans l'assistance
Et sans l'a veu, ...	Et sans l'aveu,
L'or dre de Dieu. . . .	L'ordre de Dieu.
Mon chè-r Hor ten se,	Mon cher Hortense,
A Dieu sont dus . . .	*A Dieu sont dus*
Ta lens, ver tus, . . .	*Talens, vertus,*
Suc cès, ri chè sses, . .	*Succès, richesses,*
Tou-t, èx cèp té . . .	*Tout, excepté*
Ma-l ét pé ché; . . .	*Mal et péché;*
A sés lar gè sses . . .	*A ses largesses,*
Re co nnai ssant, . . .	*Reconnaissant,*
Hum ble, ré fè re . . .	*Humble, réfère*

A ssi dû ment	*Assidûment*
Tout sort pros pè re.	*Tout sort prospère.*
Très-court plai sir. .	Très-court plaisir
Et lon gue pei ne. . .	Et longue peine
For ment la chaî ne . .	Forment la chaîne
De vie hu mai ne; . .	De vie humaine;
Se con te nir, ...	Se contenir,
Sa voir ba nnir	Savoir bannir
Tout vain dé sir, . . .	Tout vain désir,
Dans tou te chan ce . .	Dans toute chance
Voi-r ét bé nir	Voir et bénir
La Pro vi den ce, . . .	La Providencé,
A sês dé crèts	A ses décrets
Pli ér, sou mè ttre . . .	Plier, soumettre
Tous sês pro jèts, . .	Tous ses projets,
En è lle mè ttre	En elle mettre
Tout son ès poir, . . .	Tout son espoir,
C'êst le de voir, ...	C'est le devoir,
C'êst l'art du sa ge; . .	C'est l'art du sage;
C'êst l'a van ta ge . . .	C'est l'avantage
Et le sou tien	Et le soutien
Du vrai chré tien. . . .	Du vrai chrétien.
San-s ê tre a va re, .	Sans être avare,
De loin pré pa re . . .	De loin prépare
Pour le be soin; . . .	Pour le besoin;

Ai me, é tu die	Aime, étudie
L'é co no mie, ...	L'économie;
Mai-s a vèc soin . . .	Mais avec soin
De tout lar cin	De tout larcin
Fuis l'in fa mie;	Fuis l'infamie;
Con tent du tien, . . .	Content du tien,
Sa ge, chrétien, ...	Sage, chrétien,
Sans pei ne au cu ne .	Sans peine aucune
Vois la for tu ne, . . .	Vois la fortune,
L'heu reux dès tin . . .	L'heureux destin
De ton voi sin;	De ton voisin;
QUE DE TA VIE	QUE DE TA VIE
LA LA CHE EN VIE . . .	LA LACHE ENVIE
SOI-T A JA MAIS	SOIT A JAMAIS
BIEN LOIN BA NNIE. . .	BIEN LOIN BANNIE.
Crains lê-s ac cès . .	Crains les accès
De la co lè re, ...	De la colère,
Tou jour-s a mè re; . .	Toujours amère;
Dans le bon heur, . .	Dans le bonheur,
Dans le mal heur, . . .	Dans le malheur,
Sans fo lle joie, ...	Sans folle joie,
Sans dé sès poir, . . .	Sans désespoir,
De ton de voir	De ton devoir
Pour suis la voie. . . .	Poursuis la voie.
Sans la san té	Sans la santé

Vie êst mi sè re ; . . .	Vie est misère ;
So bri é té	Sobriété
En êst la mè re ; . . .	En est la mère ;
En rien ja mais	En rien jamais
Au cun èx cès.	Aucun excès.
So tte i gno ran ce .	Sotte ignorance
N'êst bo nne à rien, .	N'est bonne à rien,
Et la sci en ce	Et la science
Mè ne à tout bien ; . .	Mène à tout bien.
Ai me l'é tu de ;	Aime l'étude ;
De ré flé chir	De réfléchir
Prends l'ha bi tu de ; . .	Prends l'habitude.
Te di vèr tir	Te divertir
Est né cè ssai re	Est nécessaire
Pour te re fai re ; . . .	Pour te refaire ;
Mai-s au plai sir . . .	Mais au plaisir
Point ne te li vre ; . .	Point ne te livre ;
A prè-s un peu	Après un peu
D'ho nnê te jeu, ...	D'honnête jeu,
Vi te à ton li vre. . .	Vite à ton livre.
Par le très-peu, . . .	Parle très-peu,
Beau cou-p é cou te, .	Beaucoup écoute ;
Et dans le dou te, . .	Et dans le doute,
Aux gen-s ins truits .	Aux gens instruits
De man de a vis.	Demande avis.

Fuis la pa rè sse ; .	Fuis la paresse ;
L'en chan te rè sse . . .	L'enchanteresse
D'a bor*d* sé dui*t* ; . . .	D'abord séduit ;
Mai*s* son pro dui*t* . .	Mais son produit
N'ê*st* qu'i gno ran ce, .	N'est qu'ignorance,
Vi ce, in di gen ce ; . .	Vice, indigence ;
En nui, dé goût	Ennui, dégoût
La suit par tou*t*, . . .	La suit partout,
Par tou*t* la mè ne. . . .	Partout la mène.
San*s* re chèr ché*r* . .	Sans rechercher
Pa ru re vai ne, ...	Parure vaine,
San-*s* a ffec té*r*	Sans affecter
Pom pe mon daine, . .	Pompe mondaine,
Dan*s* tê-*s* *ha* bi*ts* . . .	Dans tes habits
Sim ple-*s*, u ni*s*, ...	Simples, unis,
Mè*t*-*s* é*t* dé cen ce . .	Mets et décence
E*t* pro pre té, ...	Et propreté,
Em blê me ai mé . . .	Emblême aimé
De l'i nno cen ce. . . .	De l'innocence.
Mai*s* sur le cor*ps*, . .	Mais sur le corps,
Mai-*s* au de hor*s*, . . .	Mais au dehors,
Si l'on è xi ge	Si l'on exige
L'heu reu*x* prés ti ge .	L'heureux prestige
De pro pre té, ...	De propreté,
Com bien de l'â me . .	Combien de l'âme

*

La pu re té	La pureté
De nous ré cla me . .	De nous réclame
Soin vi gi lan*t*, ...	Soin vigilant,
Ac tif, cons tan*t*! . . .	Actif, constant!
Dans la jeu nè sse, .	*Dans la jeunesse,*
Dans la viè illè sse, .	*Dans la vieillesse;*
Mœur-s ét pu deur . .	*Mœurs et pudeur*
Sont de ri gueur; . . .	*Sont de rigueur;*
Mais du jeu ne â ge .	*Mais du jeune âge*
Ils sont vrai ment . .	*Ils sont vraiment*
Et l'a pa na ge	*Et l'apanage*
*Et l'or ne men*t*. . . . .*	*Et l'ornement.*
Tra vail, sci en ce, .	Travail, science,
Vèr tu, ta len*t*, ...	Vertu, talent,
Tè lle ê*s*-t, Hor ten se,	Telle est, Hortense,
So mmai re men*t*, . . .	Sommairement
La sour ce pu re . . .	La source pure
Dê*s* vrais plaisir*s*, . . .	Des vrais plaisirs,
La rè gle sû re	La règle sûre
De tê*s* dé sir*s*.	De tes désirs.

PRÉCIS HISTORIQUE

ET DOGMATIQUE

DE NOTRE SAINTE RELIGION.

Dieu a créé le ciel et la terre en six jours. Le sixième jour il fit l'homme. Il forma son corps du limon de la terre et lui donna une âme spirituelle et immortelle; et il l'appela *Adam*.

Il lui envoya ensuite un sommeil profond, pendant lequel il tira une de ses côtes dont il forma la première femme, nommée *Ève*, qu'il donna pour compagne à Adam.

Dieu plaça Adam et Ève dans un jardin délicieux qu'on appelle *le Paradis terrestre*, où ils devaient être souverainement heureux, sans être sujets ni à la douleur ni à la mort.

Mais ils perdirent leur bonheur, parce qu'ils perdirent leur innocence.

Dieu leur avait permis de manger des fruits de tous les arbres du Paradis, excepté d'un seul.

Il voulut, par cette exception, les avertir de leur dépendance et éprouver leur obéissance.

La femme, séduite par le Démon sous la figure du serpent, cueillit du fruit défendu et en mangea. Elle en offrit ensuite à son mari qui en mangea pareillement.

Dieu, en punition de leur désobéissance, les chassa du Paradis, et ils demeurèrent dans un état fort misérable.

Ils perdirent la grâce de Dieu; ils furent soumis à l'empire du Démon, sujets à la douleur, à la mort, et de plus à l'ignorance et à la concupiscence.

La concupiscence est l'amour de nous-mêmes qui nous détourne d'aimer Dieu notre créateur, d'où viennent tous les péchés qui mènent à la mort éternelle.

Comme Adam et Ève n'eurent d'enfans qu'après leur péché, leurs enfans naquirent sujets aux mêmes misères et les firent passer à leurs descendans.

Ainsi tous les hommes naissent dans le péché, ennemis de Dieu et destinés à l'enfer. C'est ce mal que nous appelons *le péché originel.*

Dieu, en satisfaisant à sa justice par ce châtiment, satisfit aussi à sa miséricorde et à son amour paternel pour les hommes en leur promettant un Sauveur qui ruinerait la puissance du Démon et les délivrerait de la mort éternelle.

Ce Sauveur est Jésus-Christ, fils de Dieu et Dieu comme lui.

Il n'y avait qu'un Dieu qui pût réparer l'outrage fait à Dieu par la désobéissance de notre premier père. JÉSUS-CHRIST l'a réparée en souffrant la mort pour nous.

Tous ceux qni croient en lui, qui ayant été baptisés observent constamment les commandemens de Dieu et ceux de l'Église établie par JÉSUS-CHRIST, reçoivent dans le Ciel une récompense ineffable et éternelle.

La bonté de Dieu a même appliqué les mérites de la passion du Sauveur à ceux qui ont eu le malheur de pécher, quand ils expient leur faute, autant qu'il est en eux, par une bonne confession et une pénitence sincère.

Ceux qui meurent dans le péché et dans l'impénitence souffriront dans l'enfer un supplice éternel.

MAXIMES DE MORALE,

TIRÉES LITTÉRALEMENT DE L'ÉCRITURE SAINTE.

La sagesse fait la consolation de l'homme dans les peines de la vie; on n'y trouve que de la satisfaction et de la joie; il y a en elle une beauté qui donne la vie.

La crainte de Dieu est le commencement de la sagesse. Pensez à Dieu dans toutes vos actions, et il guidera lui-même vos pas.

Aimez-le de tout votre cœur, de tout votre esprit, de toutes vos forces.

L'amour de Dieu consiste à observer ses commandemens. Voici ce que dit la loi du Seigneur.

Enfans, honorez votre père et votre mère, écoutez leurs avis et suivez-les, afin que vous soyez sauvés.

Soyez dociles à ceux qui vous instruisent; car ils tiennent la place de vos père et mère.

Aimez à être instruits dès vos plus tendres années, et vous acquerrez pour la vertu un goût qui se conservera jusqu'à la vieillesse.

Aimez-vous les uns les autres; celui qui a aimé son prochain a rempli la loi.

Ne mentez point; ne dérobez point; ne trompez en rien. Ne faites point aux autres ce que vous ne voudriez pas qu'on vous fît, et faites-leur tout le bien que vous voudriez en recevoir.

Ne portez envie à personne; gardez-vous surtout d'envier le sort de l'impie; il cherche la paix, elle le fuit. Ne faites point société avec lui; celui qui aime le danger y périra.

Évitez le mal et faites le bien, non-seulement devant les hommes, mais en secret; car Dieu nous voit toujours, et il n'y a rien de caché qui ne se découvre.

Que toute aigreur, tout emportement, toute malice soient bannis d'entre vous.

Veillez et priez en tout temps; car vous ne savez ni l'heure, ni le moment de votre mort.

Acte de Foi.

Mon Dieu, je crois fermement tout ce que vous avez révélé et que l'Église nous propose de croire. Je le crois, ô mon Dieu! parce que vous êtes la vérité même, et que vous ne pouvez ni vous tromper, ni nous tromper.

Acte d'Espérance.

Mon Dieu, j'espère que vous me ferez la grâce de vous servir fidèlement sur la terre, et de vous posséder éternellement dans le ciel.

Acte de Charité.

Mon Dieu, je vous aime de tout mon cœur et par-dessus toutes choses. J'aime aussi mon prochain comme moi-même pour l'amour de vous.

LES CHIFFRES.

0, 1, 2, 3, 4, 5, 6, 7, 8, 9.

1.	Un.	I.
2.	Deux.	II.
3.	Trois.	III.
4.	Quatre.	IV.
5.	Cinq.	V.
6.	Six.	VI.
7.	Sept.	VII.
8.	Huit.	VIII.
9.	Neuf.	IX,

10.	Dix.	X.
11.	Onze.	XI.
12.	Douze.	XII.
13.	Treize.	XIII.
14.	Quatorze.	XIV.
15.	Quinze.	XV.
16.	Seize.	XVI.
17.	Dix-sept.	XVII.
18.	Dix-huit.	XVIII.
19.	Dix-neuf.	XIX.
20.	Vingt.	XX.
30.	Trente.	XXX.
40.	Quarante.	XL.
50.	Cinquante.	L.
60.	Soixante.	LX.
70.	Soixante-dix.	LXX.
80.	Quatre-vingts.	LXXX.
90.	Quatre-vingt-dix.	XC.
100.	Cent.	C.
500.	Cinq cents.	D.
1000.	Mille.	M.

FIN.

APPENDICE
AU PREMIER LIVRE
DES ECOLES.

Destiné à diriger l'Instituteur ou la Mére de famille dans l'usage de ce Syllabaire.

Par L.-Ch. PIAT.

(Le Premier Livre se vend, cartonné, 75 c.)

A PARIS,

CHEZ LOUIS COLAS, LIBRAIRE

DE LA SOCIÉTÉ POUR L'INSTRUCTION ÉLÉMENTAIRE,

Rue Dauphine, Nº 32.

1822.

APPENDICE

A L'INTRODUCTION MÉTHODIQUE ET FACILE

A LA LECTURE DU FRANÇAIS.

L'EMPIRE de l'habitude ne s'est manifesté en aucune partie avec plus de force et avec plus de constance que dans la routine suivie généralement pour montrer à lire. Envain, depuis nombre d'années, de célèbres grammairiens ont fait leurs efforts, ont proposé diverses méthodes pour y mettre un terme ; tandis que dans toutes les sciences l'enseignement élémentaire se simplifie et se perfectionne, la plus grande partie des personnes chargées de donner à l'enfance les premières leçons, persistent toujours à aggraver leurs peines et celles de leurs élèves par les procédés les plus bizarres et les plus épineux. Les bornes que la nature de ce livret m'impose ne me permettent pas de m'étendre davantage sur cet objet. De plus habiles que moi l'ont fait dans de savans ouvrages qu'on peut consulter. Je renvoie surtout à la *Méthode pratique de lecture* de M. François de Neufchâteau, qui, ministre de l'intérieur, mettait au nombre de ses devoirs de diriger cette partie essentielle de l'instruction publique. Avant que j'eusse connaissance de sa Méthode, j'avais essayé, dans les écoles que je dirigeais alors, un Syllabaire méthodique qui n'a jamais été publié que pour ces écoles. Je le reproduis aujourd'hui, mais refait en entier ; basé sur les mêmes principes, mais tout-à-fait neuf dans les détails ; heureux si ce fruit de ma longue expérience dans l'enseignement public peut être utile aux hommes estimables qui se consacrent à l'instruction du premier âge ; heureux si, en abrégeant et en dirigeant leurs efforts, je puis tarir la source des larmes que le vice de la méthode vulgaire a fait verser jusqu'ici (1).

On verra dans la lettre qui suit ce qui m'a déterminé à livrer au public ce Syllabaire, que de nouvelles occupations et la multiplicité des livres publiés depuis dans les mêmes vues, m'avaient fait oublier. J'exposerai ensuite succinctement les principes qui font la base de ma méthode ; enfin je ferai sur chaque leçon des observations nécessaires pour la rendre facile et fructueuse.

---

(1) Quoique j'aie peu cherché à répandre le premier essai que j'ai fait de ma méthode, j'ai pourtant eu le plaisir de le voir adopté par quelques personnes instruites qui ont cru devoir en faire usage. Qu'il me soit permis de transcrire ici la letre que j'ai reçue à ce sujet, en 1798, de M....., membre de l'Institut, professeur de belles-lettres au Collège-Royal de France :

« Monsieur, je vais commencer à montrer moi-même à lire à mes » petites filles ; vous m'avez appris et facilité mon métier. J'ai lu, » avec l'intérêt que doit y mettre un père de famille, votre *Intro-* » *duction à la lecture du français* ; la bonne opinion que j'ai prise » de votre système, m'a engagé à vous demander votre Syllabaire ; » ce sera celui dont je ferai usage ; vos efforts méritent assurément » d'être encouragés ; je les appécie pour ma part, et je vous en ai » obligation. »

(5)

Lettre *adressée par l'Auteur à Monseigneur l'Évêque de Meaux.*

Melun, le 25 octobre 1821.

Monseigneur ,

On vient d'imprimer, à Paris, la quatrième édition de mon *Second Livre des Écoles Chrétiennes* (1), petit ouvrage auquel vous avez bien voulu accorder votre protection, et pour lequel vous m'avez fait l'honneur de m'adresser une lettre que je conserve avec une respectueuse reconnaissance. Ce *Second Livre* en suppose un premier, qui m'a été demandé par nombre de personnes. J'ai tâché de répondre à leurs désirs, et je me propose de publier le *Premier Livre des Écoles Chrétiennes.* J'ai tâché d'offrir, dans ce livret, et les premiers élémens de notre sainte religion, et une introduction à la lecture du français plus méthodique, plus sûre et plus abrégée que celle qui est suivie dans la plupart des écoles.

Dans l'enseignement de toutes les sciences, on commence par ce qu'il y a de plus clair et de plus facile, et conduisant le disciple du simple au composé, éclairant la leçon suivante par le principe précédent, on le fait parvenir graduellement jusqu'au dernier point des connaissances qu'on veut

---

(1) Approuvé et recommandé successivement par Mgr. l'Evêque de Meaux, par le Conseil Royal de l'Instruction publique, par Mgr. l'Archevêque de Paris. — Un vol. in-18. — Prix 75 cen'. Chez Louis Colas, libraire, rue Dauphine, N 32 ; et à Melun, chez l'Auteur

lui inculquer ; et lorsqu'il s'agit de montrer à lire,
lorsqu'on a à instruire des élèves dont l'intelligence
commence à peine à germer, on les précipite tout-
à-coup, sans ordre et sans choix, au milieu des difficultés et des contradictions de notre orthographe.
De-là uniquement la peine et le dégoût qu'éprou-
vent, dans ces premiers exercices, et nos enfans
et nos maîtres d'école, et, trop souvent, l'inuti-
lité des leçons de ces derniers, lesquelles n'étaient
qu'un jeu Ludi-*magistris veteribus latinis et græ-
cis*, parce que les principes de l'orthographe de
leur langue étaient simples et uniformes.

J'ai cherché à vaincre ces difficultés en les divi-
sant, et en présentant graduellement les principes
généraux et élémentaires de la lecture du français ;
et, évitant tout appareil scientifique qui rebuterait
et les élèves et les maîtres, j'offre dans un nouveau
et très-court Syllabaire,

1°. Les signes fondamentaux des sons de notre
langue, auxquels signes je suppose d'abord une
valeur unique et constante ;

2°. Les signes composés et les signes supplémentaires.

3°. Les principes appliqués au discours suivi.

Déjà plusieurs ouvrages ont paru sur cet objet ;
ils renferment de justes plaintes sur l'ancienne routine, de sages observations et des principes vrais ;
mais ils sont trop développés, trop savans et peu
propres aux écoles de la campagne. Mon livret,
pour lequel je n'ai consulté que ma propre expé-

rience dans l'enseignement, se borne et, je crois,
doit se borner aux principes *généraux et élémentaires*, sans aucune dissertation, les enfans devant
être exercés et non endoctrinés : *Multaque tolles
ex oculis*, voilà l'épigraphe que j'aurais pu pren-
dre. Le reste s'apprendra par l'usage, ou appartient
à l'étude de la grammaire. Je ferai imprimer séparément une courte instruction pour guider les
maîtres.

Je serais, Monseigneur, au comble de mes vœux,
si je pouvais obtenir votre suffrage et votre béné-
diction pour ce nouveau travail; mais il ne peut
être bien jugé que dans l'exécution typographique.
En attendant, je supplie votre Grandeur de me
permettre de lui en adresser la troisième partie,
qui est proprement la partie morale et chrétienne.

Chaque page de ce nouveau Syllabaire con-
tiendra deux colonnes, la première à gauche, présentant les mots divisés par syllabes et autres artifices pour faciliter la lecture ; la deuxième à droite,
formée des syllabes réunies en mots. Il m'était
impossible de suivre cette marche dans la troisième
partie en empruntant, comme c'était ma première
idée, dans les livres saints, quelques passages dog-
matiques ou moraux. Pour remplir cet objet, je
me suis hasardé à renfermer dans trois ou quatre
cents vers de quatre syllabes, les principes de la
morale chrétienne, le retour des mêmes sons dans
la rime me fournissant d'ailleurs de nouvelles facilités pour mon élève. J'ai pensé, Monseigneur,

que vous trouveriez bon, et même que c'était mon devoir, que je soumisse à votre approbation cette partie de mon travail. . . . .

Daignez, Monseigneur, excuser la longueur de cette lettre ; son objet ne me permettait pas d'être plus court ; et agréez l'expression du très-profond respect avec lequel

Je suis, Monseigneur,

de votre Grandeur ,

Le très-humble et très-obéissant serviteur ,

PIAT.

Je n'ose pas me permettre d'imprimer la réponse infiniment honorable de Monseigneur l'Évêque de Meaux. Je crois au moins pouvoir dire ici que ce Prélat y applaudit au projet de mon Syllabaire, et approuve le fond et la forme des pièces qui composent la troisième partie. Je dois à une bien sage observation de sa part un article du *Précis historique et dogmatique de notre sainte Religion.*

EXPOSÉ SUCCINCT

Des principes qui font la base de l'Introduction à la lecture du Français.

1. Il faut distinguer deux choses dans les lettres, le nom que l'usage leur a donné, et les valeurs qu'elles représentent. Ainsi le nom de *m*, *n*, *l*, etc., est *emme*, *enne*, *erre*, etc. ; leur valeur ne peut être mieux indiquée que par *me*, *ne*, *re*, etc. Cette distinction est indispensable pour l'intelligence de ce qui suit. Au reste, lorsqu'il sera question de la valeur, nous écrirons *me*, *ne*, *re*, etc. ; lorsque nous ne voudrons parler que du nom, nous écrirons *m*, *n*, *r*, etc.

2. La langue française se compose de douze *voix* ; savoir : *a*, *o*, *u* ; *i*, *é*, *ê*, *eu-e* (1) ; *ou*, *an*, *on*, *un*, *in* ; et de dix‑huit articulations, dont six constantes.

me,   *ne*,   *le*,   *re*,   *gne*,   *ille*,

qu'on entend dans

mimi,   *none*,   *lolo*,   *rire*,   *agneau*,   *bâillon*,

et douze variables,

be,   *pe*,   *ve*,   *fe* ;
bobo,   *papa*,   *vivre*,   *fifre* ;
de,   *te*,   *ze*,   *se* ;
dada,   *tata*,   *zèle*,   *sel* ;
gue,   *ke*,   *je*,   *che*,
gomme,   *comme* ; *Japon*, *chapon*.

___

(1) La lettre *e* est particulièrement destinée à désigner *eu* faible (e muet) ; cependant elle désigne souvent aussi *eu* plein ; ex. : *orgueil, je me brûle ; me* doit se prononcer ici *meu*.

EXPLICATION. — DES VOIX.

3. Les voix ou sons purs résultent de la simple émission de l'air hors de la poitrine. Les différences en sont produites surtout par la forme que prend la bouche lors du passage de l'air. Les lettres qui les indiquent se nomment *voyelles*.

4. Les voyelles sont simples, quand elles n'offrent qu'une seule lettre, *a*, *o*, *u*, etc.; elles sont composées, quand on emploie plusieurs lettres pour indiquer une seule voix, *eu*, *ou*, *an*, etc.

5. La voix *i* est quelquefois indiquée par *y*; mais cette dernière lettre s'emploie souvent aussi pour deux i; exemple : *tuyau, paysan, abbaye ;* prononcez *tui-iau, pai-isan, abbai-ie.*

6. Les voix sont longues ou brèves; longues, quand on appuie plus long-temps dessus, *pâte ;* brèves, quand on appuie moins long-temps, *patte.*

7. La voix *eu* a trois degrés bien distincts; elle elle est longue dans *jeûner*, brève dans *jeunesse;* très-brève et faible à la fin de *mère, pure, gaze.* Cette dernière voix, peut-être dans le tiers des mots français et dans tous les mots latins, n'est indiquée par aucun signe. On l'entend néanmoins nécessairement à la suite de toute consonne prononcée sans être suivie d'aucune voyelle (car il est impossible de prononcer une consonne sans l'appuyer sur un son, une voix quelconque); ainsi *mer, pur, gaz,* se prononcent comme *mère, pure, gaze; scrupule,* comme s'il y avait *sekerupule,* et

les mots latins *non cantat,* comme les mots français *none, cantate*. Son *exilité* (qui lui a fait donner le nom d'*e* muet) ne permet pas de la prononcer en une seule syllabe, et elle disparaît naturellement devant toutes les autres voix ; ainsi *je aime à lire* se prononce *j'aim' à lire*.

8. `ˆ` est le signe ordinaire des voix longues ; une consonne redoublée indique le plus souvent que la voix qui précède est brève : *pâte, patte ; côte, botte ; flûte, butte ; tempête, trompette*.

9. On appelle *diphthongues* la réunion de deux voix qui se prononcent en une seule émission, comme *uin, ia, oua* dans *juin, fiacre, rouage*. La première des deux voix dans les diphthongues est toujours l'une des trois voix *i, u, ou*, qu'on appelle pour cela *petites voix*, parce qu'elles se font moins entendre que la voix qui suit.

10. Mais il convient d'observer que, dans les diphthongues, *ou* est souvent rendu par un simple *o*, suivi dans beaucoup de mots de *i* pour *è ;* ainsi *moi, toi, soi, boire*, etc. , se prononcent *mouè, touè, souè, bouère*. La diphthongue *iin*, s'écrit *ien*, le *mien*, le *tien, rien, italien. Ien* terminant un mot français ne se prononce jamais autrement que dans ces exemples.

11. La fonction de la lettre *h* est proprement d'indiquer qu'il faut appuyer sur la voix qui suit et la séparer distinctement de la voix qui précède ; ex. : *Le hameau, je hais, les héros* (pron. *lé héros*); mais dans beaucoup de mots la lettre *h*

est nulle ; ex. : *L'homme, j'honore, thême, chré-tien.* Dans les premiers commencemens, il convient de la donner pour telle aux enfans (excepté dans *ch* et dans *ph*), et de la leur présenter sans la nommer, quand ils apprennent leurs lettres.

12. REMARQUE ESSENTIELLE. La voyelle *e* se prononce *é*, 1°. au commencement des mots, suivie d'une consonne redoublée ; ex. : *essai, ennemi ;* 2°. à la fin des mots, suivie de *r* ou de *z* non prononcés ; ex. : *Danger, le nez* (dans le dernier cas, prononcez *é* long). La même voyelle *e* se prononce *è* lorsque la syllabe suivante dans le même mot renferme *e* faible écrit ou non écrit ; ex. : *Belle, sagesse, je mènerai, vertu, mer, ciel, bec ; excepté.* Les monosyllabes *les, des, més, tes, ses, ces, tu es, il est,* se prononcent *lé, dé, mé,* etc. *e* suivi de deux *r* dans le corps du mot se prononce aussi *é, terre, guerre, tonnerre ; et* à la fin des mots se prononce *è, objet, cabinet.*

13. Les voyelles *a, o, u,* et les voyelles *i, e,* à la suite des consonnes *g* et *c,* qui sont d'un très-fréquent usage, donnent à ces consonnes une valeur différente dont la connaissance est très-importante pour la lecture. Dans le premier tableau des voyelles, j'ai cru que le plus utile pour le but que je me propose (celui d'enseigner à lire) était de les disposer en raison de cette différence.

DES ARTICULATIONS.

14. Les voix deviennent articulées par l'interception rapide et momentanée que les lèvres, la

langue, la gorge leur font éprouver; ainsi les trois voix *a*, *i*, *é* sont articulées dans le mot *vanité*, qui a pour articulations *ve*, *ne*, *te*.

15. Les dix-huit articulations françaises doivent se diviser en deux classes, six constantes, c'est-à-dire qui ne sont jamais ni plus ni moins fortes, et douze variables, qui sont plus ou moins fortes, selon qu'on appuie plus ou moins sur l'organe qui les produit.

16. Les six articulations constantes sont *me*, *ne*, *le*, *re*, *gne*, *ille*.

Les douze variables sont

faibles dans *be*, *ve*, *de*, *ze*, *gue*, *je*,
et fortes dans *pe*, *fe*, *te*, *se*, *ke*, *che*.

Voyez ci-dessus les exemples de l'emploi et de la différence de ces articulations.

17. *Be*, *pe*, qui se prononcent des lèvres, et *de*, *te* qui se prononcent de la langue mue contre le palais, ont chacune une *sifflante* de même organe, *ve*, *fe*, *ze*, *se*; *je*, *che* sont également sifflantes. Ces articulations sont ainsi nommées parce que, dans leur production, l'air n'étant pas entièrement intercepté, continue à s'échapper, et produit un sifflement qu'on peut éprouver en appuyant quelque temps sur leur prononciation, ce qui les a fait appeler par quelques-uns *demi-voyelles*, nom qu'on pourrait appliquer aussi aux deux *mouillées* qu'on entend, par exemple, dans *mignon*, *bouillon*.

18. Il y a aussi une grande analogie entre *me* et *ne*, dont le premier est un *be* qui sort par le nez, et le second un *de* qui sort aussi par le nez;

ainsi ce sont deux articulations nazales, dont le signe concourt justement à former les voyelles *an, on, un, in,* qui s'écrivent par *am, om, um, im* devant *b* et *p,* à cause de leur rapport avec ces consonnes.

19. *Le* et *re,* toutes deux prononcées de la langue, mue diversement contre le palais, sont dites liquides ou coulantes, parce que la prononciation en est douce et qu'elles se marient si bien avec les autres articulations, surtout avec *ke* et *gue,* qu'elles semblent ne faire qu'un avec elles, *bleu, prise, clou, crême, gloire, gros.*

20. Le classement des consonnes dans notre méthode est en raison de ces rapports. Il en facilitera la connaissance par la force seule de l'analogie, et l'élève, par la suite, s'il étudie la grammaire et les langues, ne sera pas surpris de voir substituer une articulation à une autre de même organe, *de* à *te, ve* à *fe, re* à *le,* et *vice versâ,* etc.

21. Les lettres destinées à représenter les articulations se nomment consonnes, c'est-à-dire *sonnant avec,* parce qu'elles ne peuvent se prononcer qu'en les joignant à une voyelle.

22. Les consonnes sont, comme les voyelles, ou simples ou composées; et, ce qui fait une des plus grandes difficultés dans la lecture, quelques-unes ont plusieurs valeurs, et même des valeurs opposées.

L'articulation *Fe* a deux signes ou consonnes;

f, fête; et *phe, Sophie.*

Ze, deux; *z, zèle,* et *s* entre deux voyelles, *rose.*

Sé, quatre. — 1º. *S* au commencement et à la fin des mots, et après une consonne dans le corps du mot, *sel, kermès, versé;*

2. *SS* entre deux voyelles, *rosse;*

3. *C* devant *e* et devant *i, Cécile;*

4º. *Ç* devant *a, o, u, façade, leçon, reçu;*

Gue, trois. — 1º. *G* devant *a, o, u,* devant une consonne et à la fin des mots, *gaga, gogo, bégu, glu, zig-zag;*

2º. *Gu* devant *e* et devant *i, guérir, orgueil, guide;*

3º. *Gh* dans quelques noms propres, *Borghèse, Enghien;*

Ke, quatre. — 1º. *C* devant *a, o, u,* devant une consonne et à la fin des mots *caca, coco, curé, crême, sac;*

2º. *Cu* devant *e, écueil;*

3º. *Qu* dans presque tous les mots, *qualité, équitable;*

4º. *K* dans tous sans exception.

Je, trois. — 1º. *J* devant toutes les voyelles, *je jure, jamais;*

2º. *G* devant *e* et devant *i, gémir, genre, gîte;*

3º. *Ge* devant *a, o, u, jugeant, pigeon, gageûre.*

Ille (*l* mouillée), trois. — 1º. *Ille* dans le corps du mot, *travaillons ;*

2º. *Il* à la fin des mots, *travail, deuil, écueil;*

3º. *ï* qui désigne dans quelques mots un mouillé faible, *aïeul, païen, faïence.*

Les autres articulations sont désignées par des

consonnes uniques, qui leur sont propres et n'offrent aucune difficulté.

23. *X* représente deux articulations, *gue-ze* au
commencement des mots dont la première let . e
est *e*, *exigé*; et *ke-se* dans le corps du mot, *axe*,
luxe.

24. Dans cet exposé rapide, je ne donne que
ce qui a trait à mon syllabaire; lequel n'a et ne
doit avoir pour objet que les valeurs générales,
élémentaires et propres à la langue française. Les
valeurs particulières, les signes d'exception jette-
raient dans ces premières leçons une confusion
qui nuirait nécessairement aux progrès des élèves.
Tout ce qui a été omis, a été omis à dessein. Les
exceptions, qui reviennent assez rarement, s'ap-
prendront insensiblement par l'usage. Quand les
élèves seront capables de comparer, de raisonner,
l'étude de la grammaire, à laquelle ces détails ap-
partiennent, fixera dans leur esprit les connaissances
qu'ils doivent avoir à cet égard.

OBSERVATIONS PARTICULIÈRES SUR CHAQUE
LEÇON.

25. Si chacune des voix et chacune des articulations de la langue française était représentée par
un caractère propre et unique, l'enseignement de
la lecture ne serait qu'un jeu. Lire ne serait autre
chose que nommer successivement les lettres, en
changeant la dénomination de chaque consonne

selon la voyelle sur laquelle elle serait appuyée. Mais il s'en faut de beaucoup que notre alphabet présente cet avantage. A la fois surabondant et défectueux, donnant à un grand nombre de lettres une dénomination qui en dénature la valeur, présentant ces lettres dans l'ordre le plus bizarre, sans même distinguer les voyelles des consonnes, il laisse à ceux qui se chargent de l'instruction de l'enfance une tâche infiniment pénible, s'il ne cherche à corriger ce désordre par une méthode réfléchie qui répande dans l'enseignement cette clarté, cette simplicité si nécessaire dans les leçons élémentaires de toutes les sciences. C'est à quoi j'ai cru devoir m'appliquer pour remplir les obligations que m'imposaient les places que j'ai occupées dans l'instruction publique;

Scriptorum non gloria nobis
Causa ; sed utilitas officiumque fuit.

PREMIÈRE LEÇON.

26. Je suppose aux lettres, dans toute la première partie, une valeur unique et constante. La première leçon les présente dans un ordre analogue aux principes établis ci-dessus, et je n'y donne que les signes simples, excepté la consonne composée *ch* que réclame son omophone *j*. Ainsi voilà pour les commençans le tableau de nos lettres amené à cette simplicité que nous avons tant à désirer. Tout enfant attentif les apprendra promptement et sans peine, et il aura encore plus de faci-

lité à les réunir en syllabes dans toutes les leçons de la première partie. Ces premiers succès l'encourageront, il avancera avec confiance dans les deux autres parties, qui peut-être n'offriront pas plus de difficulté, si l'ordre graduel dans lequel nous présentons nos usages orthographiques a été conçu heureusement, et si nous en avons facilité la connaissance par des artifices convenables.

27. Mais la première leçon est la plus importante; elle réclame tous les soins du maître, et si l'élève la conçoit bien, on peut répondre de ses progrès pour tout le reste. Le maître doit donc:

Premièrement faire nommer les voyelles en émettant seulement le son pur, la voix qu'elles représentent, évitant de leur donner aucun nom; de dire *é fermé, è ouvert, e muet*. Il nommera *y i*, et non *y grec*. Il laissera voir *h* sans la désigner par aucun nom. (*Voyez* parag. 11.)

28. Secondement, nommer les consonnes comme il est indiqué à la page à gauche, passant alternativement de cette page à la page à droite, premier exercice qui, sans explication (1), insinuera

---

(1) Pour les enfans, beaucoup d'exercice et point d'explications. Expliquer, c'est faire connaître ce qui est inconnu par ce qui est connu. Mais l'enfant ne connaît rien, au moins de ce que vous pouvez lui dire sur la lecture élémentaire. Vous êtes chargé de lui insinuer ses premières connaissances.

Il est inutile d'observer ici que la manière prescrite dans la première leçon de nommer les consonnes, n'est pas de l'invention de l'auteur. Il y a plus d'un siècle qu'elle a été recommandée par les plus savans grammairiens, et elle l'a été depuis par presque tous les gens sensés qui ont réfléchi sur cette matière.

aux commençans que les consonnes ne désignent par elles-mêmes aucun son, mais seulement les variations, les modifications, les liens divers que subissent dans le discours les voix représentées par les voyelles, ce que l'enfant sentira encore mieux si le maître, découpant les voyelles d'un exemplaire, les présente à côté de chaque consonne (1), changeant successivement le nom de la consonne selon la voyelle, ou modifiant l'articulation d'une même voyelle selon la consonne. C'est proprement l'objet de la seconde leçon ; mais ce premier exercice serait plus conforme à l'activité naturelle des enfans, et par conséquent plus attachant et plus fructueux.

29. Les trois consonnes *q-c-k* ont été liées ensemble par un trait-d'union, pour indiquer qu'elles ont toutes trois la même valeur. L'élève dira donc *ke-ke-kc* ; et de suite *xe*, placé à côté de la 3e et de la 4e classe, parce qu'il vaut *se* joint à *gue* ou à *ke*.

30. *Ch* se prononcera d'un seul trait *che*, comme s'il n'y avait qu'une seule lettre.

---

(1) Pour faciliter cet exercice, on a imprimé, en gros caractères bien séparés, le tableau des lettres selon notre méthode, et les mêmes lettres chacune sur une petite carte. Ces cartes serviront aussi à faire nommer les lettres isolément et au hasard, de manière qu'elles ne soient point dites seulement de mémoire, sans faire attention à la figure. En se munissant de trois ou quatre de ces alphabets, on pourra exercer son élève à former des mots, amusement qui concourra beaucoup à ses progrès. On les trouvera aux mêmes adresses que ce Syllabaire.

31. Cette première leçon a été terminée par l'alphabet usuel, 1°. Parce que l'enfant, pour la suite de ses études, doit connaître cet ordre de nos lettres, consacré par un si long usage ; 2°. Parce qu'il convient d'intervertir l'ordre dans lequel il les a apprises d'abord, pour empêcher qu'il ne les récite seulement de mémoire ; mais il les nommera toujours comme il a été prescrit ci-dessus. Il pourra apprendre les noms que l'usage leur a donnés, quand il lira bien couramment.

Enfin cet alphabet usuel sera à *l'usage* de ceux qui persisteraient à suivre l'ancien ordre et l'ancienne dénomination des lettres. Les leçons suivantes, même dans leur méthode, leur offriront de grandes facilités par le soin que nous avons eu de diviser les difficultés de notre orthographe et de les présenter graduellement.

LEÇON II.

32. Cette leçon est l'application des principes que nous venons de poser. Nous observerons seulement que nous avons mis en italique l'*u* que l'usage a admis si inutilement à la suite de *q*. Les lettres nulles forment un grand embarras dans l'ancienne épellation. Mais puisqu'elles sont nulles, au moins pour l'oreille, pourquoi en occuper votre élève, qui ne doit apprendre d'abord que les signes des sons en usage dans la langue. Pour l'avertir de cette nullité, nous mettrons en *italique* dans le caractère *romain,* et en romain dans le caractère italique toutes les lettres qui ne doivent point être

prononcées. Il sera d'autant moins difficile de l'accoutumer à cette distinction, qu'à tout âge on saisit volontiers tout ce qui nous épargne de la peine.

RÉUNION DES LETTRES EN MOTS.

33. Notre élève connaît bien la figure et la valeur des lettres; il est impatient d'en faire des mots. S'il a bien saisi le principe établi aux paragraphes 25 et 28, il n'aura qu'à nommer les lettres pour lire les cinq pages de mots qui terminent cette leçon. Mais les enfans ne sont pas susceptibles d'assez d'attention pour qu'on puisse espérer de tous ce succès. Ils y parviendront enfin en faisant épeler de cette manière : *pe a* pa, *pe a* pa, papa; *a me i* mi, ami; *pe o* po, *le y* li, *pe, polype*; *a ve a* va, *re*, avare, etc. Ils liront ensuite couramment dans la colonne à droite, *papa, ami; polype, avare.*

LEÇON III.

34. Cette leçon n'offre pas plus de difficulté que la précédente, si vous nommez les consonnes comme il a été prescrit dans le premier tableau, *be re a*, bra, etc. Vous reculez nécessairement l'enfant du but, si vous employez l'ancienne épellation, *bé erre a* bra; *gé elle a*, gla; *esse pé elle a*, spla, etc.

LEÇON IV.

35. Pour lire les mots qui composent cette quatrième leçon, on n'a qu'à nommer les lettres ou employer cette épellation très-facile *ce* (pron. *ke*) *a*,

ca *ne i fe* nif, canif ; *fe a* fa *te a le* tal, fatal.
Dans les mots de cette leçon et autres semblables,
nif, tal, roc, etc., sont de deux syllabes pour
l'oreille ; mais dans l'usage on ne les considère que
comme une syllabe.

SECONDE PARTIE.

PREMIÈRE LEÇON.

Nous voilà arrivés aux plus grandes difficultés de
la lecture du français, aux signes composés, aux
lettres à double valeur, et autres usages qui réclament une attention particulière.

J'ai renfermé dans le tableau qui commence la
seconde partie ceux qu'il importe le plus de connaître, et je crois que tout élève attentif et intel-
ligent qui, plein des principes exposés dans la première partie, sera parvenu à lire couramment tous
les mots réunis dans cette nouvelle synopsie, pourrait passer de suite au discours suivi ; mais les
exercices des leçons suivantes le fortifieront de
plus en plus, et sont nécessaires à la plupart des
enfans pour comprendre ces nouveaux principes.

36. Dans ce tableau nous avons donné d'abord
les six voix françaises qui, rendues par des voyelles
composées, n'ont pu entrer dans la série des signes
simples qui sont l'objet de la première partie. Ces
voix sont *an, on, in, un, eu* plein et *ou.* Les
voyelles composées qui suivent s'emploient, savoir :

au pour *ó*, *ai-ei* pour *è* ou *é*, *oi* pour *ouè*, *ien* pour *iin*. (*Voyez* le paragraphe 9.)

37. Pour simplifier et faciliter cette leçon, il faut prononcer d'un seul trait *an*, *on*, *ou*, etc. , et non *a enne* an, ni même *a ne* an, etc. De même aux consonnes composées, *gn* se prononcera en une seule articulation *gne*; *ill*, *ph*, comme s'il y avait *ïe*, *fe*, et l'on fera lire de suite les mots donnés pour exemples, lesquels étant bien connus des enfans, fixeront dans leur mémoire la valeur de ces nouveaux signes. Si l'on fait épeler , on dira *fe an* fan, *fe an* fan, fanfan ; *te au* tau, *re au* reau, taureau ; *re*, *fe*, *te*, pour notre élève sont la même chose que *r*, *f*, *t*. (par. 28); et pour les consonnes *me i* mi, *gne on* gnon, mignon; *te re a* tra, *ve a* va, *ille* (pron. ïe) *ons* illons, travaillons ; *te re a* tra, *ve a il* (pron. ïe) vail, travail; *Se o So*, *phe i e* phie , Sophie.

38. Il ne sera pas difficile de faire observer ; 1°. que dans les voyelles nazales *m* et *n* ont la même fonction; 2°. que la cédille sous *ç* lui donne la valeur de *se* devant *a*, *o*, *u*, (elle remplace *è*, autrefois on écrivait *cea*, *ceo*, *ceu*, *faceade*, *leceon*, *receu*); 3°. que le tréma : avertit de détacher la voyelle qui en est marquée de celle qui précède, et de faire deux syllabes.

39. Le rapprochement de *c* valant *ke* et *ce*, et de *g* valant *gue* et *ge*, en fera sentir la différence. Faites prononcer *ce* et *ge* devant *e* et devant *i*, *ke* et *gue* partout ailleurs.

40. Le petit tableau qui commence par *le nez*,

léger, sera lu et relu sans aucune observation ;
on fera seulement remarquer que dans *les*, *des*,
mes, etc., il n'y a qu'une syllabe, au lieu que les
mots qui les suivent et dans lesquels les mêmes
lettres réunies se prononcent différemment, sont
de plusieurs syllabes. Il est impossible de prononcer les monosyllabes *les*, *des*, *mes*, etc., avec
un *e* muet. (parag. 6.)

Les quatre leçons suivantes ne sont que des
applications des principes que nous venons d'éta-
blir, des exercices qui les feront comprendre de
plus en plus. Elles ne réclament aucune observation; mais il est important de ne point s'en occuper
avant que le premier tableau ne soit lu couramment.

LEÇON V.

41. Dans cette leçon, accoutumez votre disciple
à prononcer les diphthongues d'un seul trait, en
épelant selon la division que nous avons faite des
syllabes *re* *a* ra, *te* *a* ta, *fi* *a* fia, ratafia; *ne* *a* na,
te *i* *on* tion, nation.

42. Observez que *t* a très-souvent la valeur
de *s* dans les diphthongues qui ont *i* pour première
voyelle, et toujours dans les noms terminés en
tion, à moins que le *t* ne soit précédé de l'articulation *se*, comme dans *question*, *gestion*, *mixtion*.
Pour les mots qui suivent, voyez le parag. 9.

53. Dans le dernier alinéa *dragée*, etc., l'*e* muet
ne fait pas proprement diphthongue avec la voyelle
qui précède; seulement il faut prononcer la syllabe en l'allongeant.

LEÇON VII.

44. Remarquez que le signe de l'articulation mouillée qu'on entend dans *bâillon*, *travail*, n'est pas seulement dans les *l*, mais dans ces trois lettres *ill* pour le corps du mot, et dans les deux lettres *il* pour la fin des noms : ainsi épelez *be â* bâ, *ille on* illon, bâillon ; *te re a* tra, *ve a il* (ïe) vail, travail. Ce qui a obligé de présenter, dans la colonne à gauche, les mots *fille*, *péril*, etc., de cette manière : *fi ille*, *pé riil* ; épelez : *fe i* fi, *ille e ïe*, fille ; *pe é* pé, *re i il* (ïe) ril, péril. L'œil serait choqué si, dans l'usage, on employait les deux *i* de suite.

Par cette méthode on distinguera, au moins dans ces élémens, la prononciation de *quille* dans une *quille* de celle de *quille* dans *tranquille* ; celle de *pille* dans *je pille*, de celle de *pille* dans *pupille*, comme on peut le voir leçon 8, page 34.

45. Il y a aussi un *mouillé*, mais un *mouillé* faible, dans la dernière syllabe de *moyen, noyau*, et autres mots du dernier article de la page 38, où *i* est suivi d'une voyelle. La double manière de présenter ces mots *moyen*, etc., a semblé la plus propre à faire sentir la valeur la plus commune, la valeur réelle de l'*y*. Nous suivrons cette même méthode dans les leçons suivantes relativement à d'autres usages orthographiques : *né, assé, nez,... assez* ; *objè,... objet* ; *noisète,... noisette* ; *lé, dé ; , , . les , des*, etc. (Leçon 8.)

46. *Pignon*, etc., prononcez d'un seul trait *gne*

et non *gue ne : pe i* pi, *gne on* gnon, pignon. Les deux consonnes ne se prononcent que dans un très-petit nombre de mots qui reviennent rarement dans le discours.

LEÇON VII.

Prononcez aussi d'un seul trait *ph, ss, gu*, comme il a déjà été prescrit au paragraphe 37.

47. *Embrasé, embrassé*, etc. Les oppositions présentées dans les articles suivans rendront sensibles les valeurs différentes attachées aux mêmes lettres moyennant quelque légère addition (la cédille, le tréma) qu'on fera bien remarquer aux enfans. (*Voyez* par. 38.)

48. On leur observera surtout que toute consonne redoublée au milieu d'un mot, comme dans *embrassé, accord*, doit être considérée comme une seule lettre, et prononcée d'un seul trait ; c'est l'usage le plus général, ce qui fait que nous avons, dans ces sortes de mots, rejeté les deux consonnes sur la voyelle qui suit. Quand les deux consonnes doivent être prononcées, nous les avons séparées, de manière que la première fait syllabe avec la voyelle qui la précède, comme dans *im-mortelle, ac-cès, er-reur*. Ce principe établi, ou aura une grande difficulté de moins dans l'épellation.

49. A la fin de l'article *tréma*, dans les mots *aïeul, païen, faïence*, le tréma ne détache pas seulement *i* de l'*a* qui précède ; il indique de plus un mouillé faible, à cause des voyelles dont il est suivi.

LEÇON VIII.

5o. Les observations que nous avons faites sur les leçons précédentes s'appliquent en partie à celle-ci ; mais les *nt* des troisièmes personnes du pluriel dans les verbes, réclament ici une attention particulière : c'est sans contredit la plus grande difficulté de la lecture élémentaire. Avec combien de peine l'élève qui suit l'épellation vulgaire, parvient à distinguer la valeur différente, par exemple, de *lent* dans *ils parlent* et dans *indolent*; de *ment* dans *ils aiment* et dans *légèrement*; de *dient* dans ils *expédient* et dans un *expédient !* Cette difficulté disparaît par la méthode que nous avons adoptée relativement aux lettres non prononcées. (*Voy.* parag. 3a.)

5i. Mais notre élève ne trouvera point hors de ce Syllabaire les lettres nulles, pour le son, indiquées par un caractère différent. Comment dans le cas présent, le plus sujet aux équivoques, pourra-t-il donner au mot le son convenable? Il y parviendra par l'habitude, que nous avons tâché de lui donner en multipliant ici les exemples ; et on la fortifiera, cette habitude, en lui faisant observer que les mots où *nt* sont nuls à la fin, s'entendent toujours de plusieurs, et qu'ils sont précédés de *les....* ou de *ils, elles,* ou de *les.... qui,* ce qu'il voit dans *les plaisirs trompent; ils énervent les hommes qui s'y livrent,* mis en tête de cet article. Comme il n'a aucune notion de grammaire, c'est le seul principe qu'on puisse lui inculquer pour le présent, principe qu'il saisira, sans doute, puisqu'il frappe à la fois ses yeux et ses oreilles.

Pour le lui faire retenir par quelque effort, nous avons cessé de marquer les consonnes nulles dans le dernier alinéa de cet article.

(Il est inutile d'avertir que les petites lettres qui se trouvent en titre dans cette leçon doivent être passées par les enfans.)

52. La différence de H aspirée et de H muette dont enfin nous donnons connaissance à notre élève dans cette leçon, ne peut lui être bien indiquée que par une bonne prononciation de la part de celui qui l'instruit.

TROISIÈME PARTIE.

53. Jusqu'ici nous avons présenté séparément et successivement à notre élève les caractères qui représentent les sons de la langue française ; s'il les connaît bien, s'il les prononce d'après notre méthode, leur réuion dans le discours suivi n'exigera de sa part aucun effort, et çe ne sera pas sans plaisir qu'il en fera l'application. Nommer successivement les lettres, en changeant la dénomination des consonnes selon la voyelle qui les suit, prononcer d'un seul trait les signes composés et ne point faire attention aux lettres nulles, voilà tout ce qu'il a à faire. Nous lui en avons d'ailleurs facilité les moyens par la division des syllabes et en indiquant soigneusement les lettres nulles, selon la

méthode indiquée paragr. 32 et 49; mais il est nécessaire qu'il voye de suite dans la colonne à droite la manière usuelle de présenter le mot.

Lorsque les consonnes finales, nulles devant une autre consonne, se prononcent devant une voyelle, nous avons rapproché ces consonnes du mot sui-vant, en les liant néanmoins avec le mot dont elles fônt partie par un trait d'union, comme on peut le voir dans *devien-s ami;* le *so-t enfant,* etc.

On a vu, dans la lettre à Monseigneur l'Évêque de Meaux, les motifs qui ont engagé à employer dans cette troisième partie les petits vers dont elle est principalement composée. L'objet de cette pièce, la difficulté de renfermer sa pensée dans une me-sure aussi étroite, ne la feront sans doute pas juger avec toute la sévérité qu'on a droit d'exercer à l'égard d'un poëte de profession. Je n'ai pas pré-tendu donner ici un modèle de versification ; j'ai cherché seulement à avoir un morceau de lecture propre au plan de ce Syllabaire.

L'enfant qui apprend à lire, dans ces premières leçons, ne voit que la lettre, la syllabe et le mot, sans y attacher aucun sens suivi ; ajoutez que d'abord il doit n'y voir que cela. En cherchant à lui facili-ter la connaissance de nos signes orthographiques, gardez-vous de lui donner à lire quelque chose qu'il sache par cœur, ou qu'il puisse deviner, comme l'Oraison Dominicale, les Commandemens de Dieu, etc., qu'il est censé avoir dans sa mémoire ; autrement, il ne fera pas attention à la lettre, et récitera sans lire. Les historiettes mêmes *à la portée des enfans*, dont plusieurs syllabaires sont remplis, ne conviennent pas pour la même raison. Dans ces sortes de lecture, l'enfant par le premier mot devine le second, et s'occupe fort peu du signe qu'on veut graver dans son esprit.

Ces observations ne supposent pourtant pas qu'on puisse indifféremment lui donner pour premier objet de lecture des phrases prises au hasard. A force de lire et de recommencer sa leçon, il la grave dans sa mémoire, et il importe de n'y rien confier qui ne tende à lui former l'esprit et le cœur.

Nous n'avons rien dit dans les leçons précédentes des marques de la ponctuation et des autres signes en usage dans le discours écrit, excepté de la cédille et du tréma, qui seuls changent la valeur de la lettre. Il est nécessaire de faire observer ces signes dans cette troisième partie ; non à la première lecture, mais lorsqu'on la recommencera ; et elle doit être recommencée plusieurs fois, jusqu'à ce qu'on la lise couramment. Il sera facile alors d'accoutumer l'élève à s'arrêter légèrement aux virgules, un peu davantage au point et virgule, plus aux deux points, et tout-à-fait au point.

Tels sont les efforts que j'ai tentés pour simplifier et faciliter la lecture élémentaire. Je ne prétends pas élever ma méthode au-dessus d'aucune autre ; j'obéis aux circonstances qui m'ont invité à joindre mon travail à celui des savans qui ont, dans les mêmes vues, écrit sur cette matière. Peut-

être de tous nos livres fera-t-on enfin quelque
Syllabaire utile.

Il paraît au moins que nous sommes tous d'accord sur la nécessité de donner d'abord aux lettres
un nom qui en exprime la valeur. Ce sera une
conquête précieuse sur l'ancienne routine, si enfin
les personnes qui montrent à lire adoptent cet usage.
Supposons en effet qu'un enfant ait à épeler seulement le monosyllabe *thym*. Comment veut-on
qu'il trouve ce mot dans l'épellation vulgaire *té
ache y grec emme?* Sans doute, quand vous lui
aurez dit deux cents fois que tout cela signifie *tim*,
il le comprendra enfin ; mais l'enfant instruit d'a-
près notre méthode, exercé à donner aux consonnes
le nom qu'elles tirent de la voyelle qui suit, à con-
sidérer les *h* comme nulles, et les *y* comme *i*, lira
de suite *tim*, ou, s'il épelle, il dira *te ym* tim.
Rappelez mille autres mots à l'ancienne épellation, les difficultés se multiplieront et varieront à
l'infini. Chacun de ces mots exigera, pour ainsi
dire, une leçon particulière, et c'est alors qu'il
sera vrai de dire avec un célèbre académicien que
celui qui montre à lire enseigne *le plus difficile de
tous les arts*. Cet art si difficile se trouve réduit,
dans notre Syllabaire, à trois ou quatre principes
qui en feront un jeu si l'on veut se donner la peine
de les étudier et de les inculquer aux enfans, et
certes cette peine paraît bien légère.

Un pèlerin, dit-on, avait fait vœu d'aller à Jérusalem à pied, en reculant de trois pas sur quatre.

Il mit tant de ferveur, tant de constance à exécuter son vœu qu'enfin il arriva. Mais combien à sa place seraient demeurés en route, ou épuisés de fatigue, ou rebutés par la nature de l'entreprise ! Telle est la tâche imposée à l'enfant instruit selon l'ancienne routine. Notre élève arrive au but par le plus court chemin et sans effort inutile.

Nous n'avons donné dans cette introduction à la lecture que les signes élémentaires et d'une valeur générale, et nous avons observé que les signes particuliers et d'exception, qui reviennent assez rarement dans le discours écrit, doivent s'apprendre par l'usage et par l'attention du maître à les faire observer. Pour ne rien laisser à désirer à cet égard, nous terminerons par le tableau de ceux de ces signes qui sont employés dans la langue commune.

TABLEAU *des signes particuliers et d'exception employés dans l'orthographe française.*

Ces exceptions tombent particulièrement sur les voyelles simples ou composées qu'on emploie généralement pour signifier les voix, et sur les consonnes *ill-il*, *gn*, *g*, *qu*, *ch*, *x*, *t*. Nous allons les parcourir successivement.

A est rendu par *em* dans *femme*, *solemnel*, et dans les adverbes dérivés des adjectifs en *ent*, comme *prudemment*, *ardemment*, dérivés de *pru-*

dent, ardent ; prononcez *prudament, ardament ;* prononcez aussi *e* comme *a* dans *indemnité, indemniser,* mais en faisant sonner *m* comme s'il y avait *indamenité.*

O est rendu par *ao* dans *la Saône, aoriste ;* prononcez *la Sône, oriste.*

U s'écrit *eu* au participe passé du verbe *avoir, j'ai eu, j'aurais eu ;* pron. *j'ai u.*

La voix É signifiée généralement par *é,* et par *ai* dans *j'ai,* dans les parfaits et les futurs des verbes, *je donnai, je donnerai,* se rend par *œ* dans *Œdipe, œconomique, œsophage,* etc. (On n'emploie plus *ae* dans aucun mot français ; on lui a substitué *é* ainsi qu'à *oe* dans la plupart des mots où il était en usage.)

- La voix È, indiquée généralement par *è* ou par *ai,* est rendue par un très-grand nombre d'écrivains par *oi* aux imparfaits et aux conditionnels des verbes *j'étois, je donnois, je lirois ;* ils écrivent de même *les François, les Anglois ; foible, je parois, je connois, monnoie,* au lieu de *les Français, faible.* Fidèle à suivre les usages orthographiques généralement adoptés, et à éviter toute innovation à cet égard, j'ai cru néanmoins devoir préférer dans ces sortes de mots *ai* à *oi,* d'abord parce que *ai* épargne une grande difficulté aux commençans, et ensuite par respect pour l'autorité de l'Académie française qu'on m'assure avoir, par une décision récente, relégué *oi* dans la diphthongue des mots *moi, roi, soir, boire, Danois,* etc. Ainsi plus d'équivoque et plus d'embarras dans la lecture des mots *les Français* et saint *François ; je paraisse* et la *paroisse ;* une *monnaie* et *il se noie*, etc.

EU s'écrit *oeu* dans *vœu, cœur, chœur, œuf, nœud, les mœurs*, et *oe* dans *œil* ; pron. *euil*.

AN est rendu par *aon* dans *paon, faon, Laon ;* pron. *pan, fan, Lan ;* et par *aen* dans *Caen ;* pron. *Can.*

En, em se prononcent *ène, ème* dans *triennal, décennal ; Agammemnon, Emmanuel, décemvir, Jérusalem, hem ! item.*

IN s'écrit *en* dans *examen, Agen, Benjamin, benjoin ;* pron. *examin, Agin*, etc.

Ien, qui vaut constamment *iin* à la fin des mots, et dans les verbes *je tiens, je viens* et leurs dérivés, se prononce *ian* dans *patient, patience, audience, expérience, ingrédient, expédient, émollient.*

Um se prononce *ome* dans *duumvir, triumvir, centumvir.*

OU s'écrit *aoû* dans le mois d'*août, aouteron ;* pron. *oût, outeron.*

CONSONNES.

L'articulation mouillée est désignée par une seule *l* dans *gentil-homme* au singulier ; au pluriel *gentils-hommes*, se pron. *gentizhommes.*

L'articulation mouillée faible est désignée par *i* dans *aïeul, païen, faïence*, et par *y* dans *Mayence, Bayeux, Bayonne.* Dans les mots *moyen, boyau, nous voyons* et autres réunis à la page 38, *y* désigne à la fois deux *i* et un mouillé faible, *moi-ien, nous voi-ions.*

Ill ne désigne jamais l'articulation mouillée au commencement des mots, et alors on prononce les deux *l, comme* dans *illustre, illégal.*

Ill n'est point mouillé non plus dans *mille, ville, tranquille, pupille, argille, Lille, campanille, imbécille, Achille, Gille;* pronon. la fin de ces mots comme s'il n'y avait qu'une seule *l.*

Gn désigne deux articulations *gue-ne* au commencement des mots comme *gnome, gnostic;* pron. *guenome, guenostic,* et dans *stagnant, stagnation, agnat, cognat, agnus, progné, regnicole, inexpugnable, impregné, impregnation.*

U qui à la suite de *g* lui donne la valeur de *gue* devant *i* et *e,* se prononce et fait diphthongue avec la voix suivante dans les mots dérivés d'*aigu,* comme *aiguille, aiguillon, aiguiser,* et dans les noms propres *Guise, Le Guide.*

Qu, qui le plus souvent désigne seulement l'articulation *ke,* se prononce,

1°. *Cu* dans *équestre, équitation, questeur, liquéfaction, équiangle équidistant, équilatéral, équimultiple; quintuple;*

2°. *Cou* dans *équateur, équation, aquatile, aquatique, quacre, in-quarto, quaterne, quadragésime; quadrinôme, quadrangle, quadrilatère, quadrige, quadruple; quinquagésime* se prononce *cuincouagésime.*

Ch se prononce *ke* quand il est suivi d'une consonne; ex. : *Chrétien, Chloris, Arachné,* et dans *chœur, catéchumène, Eucharistie, Archange, anachorète, archiépiscopal, chersonèse, chéli-*

doine, chiromancie, chiiose, chymose, conchite, l'écho, chaos, syncedoche, Chanaan, Nabuchodonosor, Achab, Achéloüs, Michel-Ange.

X final ne se prononce pas ordinairement devant une consonne ; devant une voyelle on le prononce comme *z* : *aux anges , heureux enfant ;* pronon. *au-z anges, heureu-z enfant.* On ne le prononce jamais dans *la paix.*

Prononcez-le de même dans les dérivés de *deux, six, dix : deuxième, sixième, dixième, dix-huit, dix-neuf, sixain,* etc.

X a le son de *s* dans *Auxerre, Auxonne, Bruxelles, Luxeuil; six, dix* (non suivis d'un nom), *dix-sept, soixante.*

On le prononce *ks* à la fin des mots, même devant une consonne dans *Stix, phénix, index, borax, storax, larynx, onyx, préfix, Pollux, Astianax.*

Ti, suivi d'une voyelle dans le corps du mot, se prononce *si,* 1º dans tous les noms en *tie* et en *tion,* et leurs dérivés, comme *prophétie, ineptie, action, caution,* excepté *ortie, sortie, partie, garantie, rôtie* et les mots où *ti* est précédé de *s* ou de *x,* comme *modestie, amnistie, dynastie, question, mixtion ;* 2º dans les verbes *initier, balbutier, je balbutie,* et leurs dérivés ; 3º dans *patient, patience, Vénitien, Capétien, Égyptien, Domitien, Gratien.*

AUTRES OUVRAGES DU MEME AUTEUR

Qui se trouvent à Melun, chez M. MORELLET, *rue de l'Hôtel-de-Ville ;*
A Paris, chez LOUIS COLAS, *Libraire, rue Dauphine ,* N° 32.

ELÉMENS LEXICOLOGIQUES DE LA LANGUE LATINE , suivis des Principes généraux et raisonnés de la Syntaxe ; in-8°, 1 fr. 50 c.

PRÆLUDIA AD SYNTAXIM LATINAM , ou Méthode nouvelle pour familiariser les commençans avec les accidens et avec les racines des mots latins, et pour les préparer à la Syntaxe ; in-12, 1 fr. 25 c. (*Sous presse.*)

ABRÉGÉ DE LA VIE DES HOMMES ILLUSTRES DE L'ANCIENNE ROME , suivi d'un Précis sur les mœurs et coutumes des Romains, traduit du latin de Lhomond, in-12 ; avec le latin en regard , 2 fr. 50 c. ; le français seul, 1 fr. 50 c.

FABLES CHOISIES DE PHÈDRE , mises à la portée des commençans ; in-16 , 60 c.

LE SECOND LIVRE DES ECOLES CHRÉTIENNES , approuvé et recommandé successivement par Mgr. l'Evêque de Meaux , par le Conseil Royal de l'Instruction publique, et par Mgr. l'Archevêque de Paris ; in-18 , 75 c.

NOUVEL ESSAI SUR LA CONJUGAISON DES VERBES FRANÇAIS ; in-12. (*Sous-presse.*)

Pour paraître incessamment.

PRÉCIS ÉLÉMENTAIRE DE LA LANGUE GRECQUE , contenant, 1°. Des tableaux synoptiques des déclinaisons et des conjugaisons, présentées dans un ordre nouveau, accompagnées des principes essentiels dont on a écarté toutes les difficultés qui rebutent ordinairement les commençans ;

2°. Les racines grecques employées en discours suivi dans le poême d'Ulysse de Giraudeau ;

3°. Deux traductions du même poême, l'une littérale, le mot grec accompagnant le mot français ; l'autre au-dessous du texte, non littérale ;

4°. Le texte du poême rappelé aux usages de la prose et de la langue commune ;

5°. L'analyse grammaticale de chacun des mots du texte, avec les mots français qui en dérivent ;

6°. Trois dictionnaires ; le premier, des mots grecs employés dans le poême, dans lequel on indique les racines essentielles et du premier ordre ; le second, des mots français dérivés du grec, avec renvoi au mot dont ils dérivent ; le troisième, des mots français signifiés par les mots employés dans le texte, avec renvoi au vers où ils se trouvent, utile pour traduire en grec de petits thêmes français en n'employant que des mots racines, et se fortifier ainsi dans la connaissance de ces derniers.

9 782014 063257